これからの保育シリーズ 5

好奇心が育む学びの世界

発見！実験！遊びの中のサイエンス

汐見稔幸…解説　利根川彰博…著

風鳴舎

本書の読み方

　2017年、幼稚園教育要領、保育所保育指針、幼保連携型認定こども園保育・教育要領が改訂され、3つの資質能力や「幼児期の終わりまでに育って欲しい10の姿」などが告示されました（2018年施行）。とはいえ、これまでの幼児期の保育・教育は「環境を通して行う」という根本的な考え方が転換されたわけではなく、むしろより明確にしたものといえます。幼児期の保育・教育を「園にさまざまなものを設定し、それらへのかかわりを誘導すること」と捉えた時、本書に記した実践は、その点を踏まえて展開したものといえるでしょう。

　「こんな実践をしました」という説明だけの記録は、おもしろくありません。なぜ、その実践を記録したくなったのかがわからないからです。その実践のさなかで、保育者の心がどう動いていたのか。子どもたちの心の動きはどうだったのか。そうしたことが描かれているからこそ、実践記録であると思います。
　ですから、自分としては「こんなことを書いたら、『バカなヤツだな』って思われるだろうな」と考えられる、恥ずかしい部分も赤裸々に書き込みました。バカなこともやってしまい、失敗もたくさんする。そんなことも含めた私の保育実践の記録です。

- **先生のきもち** には、その時の保育者としての心の動きや、その背景にある保育観や子ども像を記してあります。そこから、なぜ保育者がそこで「そうかかわったのか」、「そんな言葉をかけたのか」などを推察する手がかりにして下さい。

- **ココがポイント** には、実践のその時から間をおいて振り返った時に見えてきたもの、つまり、やや客観的に実践を捉えた時に考察されたことが書かれています。

- **汐見先生のコメント** では、汐見稔幸先生がさらに大きな視点から実践を捉え、ミニ解説をしてくれています。

- 写真はすべて、保育中携帯しているデジタルカメラで筆者が撮影したものです。慣れない頃は一日20~30枚程度しか撮影していませんでしたが、気づけば一日200枚程度撮影する日々でした。実践の様子を思い描く手がかりにしていただければと思います。

※本書は、あんず幼稚園（埼玉県入間市）における保育とアクティブラーニングの様子を追った保育実践記録です。

はじめに

　年長組の子どもたちと生活していると、時々、こんなふうに質問されます。

　Kくんが腕を組み変えながら、しきりに首をかしげています。そして、こうつぶやきました。「腕って、どうして縛れないんだろう？」

　また、Tくんは「どうして上を向くと、口が開いちゃうんだろう？」

　Mちゃんは「なんで6って、ひっくり返すと9になるの？」

　5〜6歳の子どもからこんな質問をぶつけられたら、あなたはどうしますか？

　「大人として正しい知識を教えなければ」と身構えてしまっては、保育を楽しむことはできません。「正しい知識を教えるのが保育者でしょう？」「幼稚園教諭でしょう？」との反論があるかもしれません。しかし、それは「古い考え」にとらわれているといえるかもしれません。

　見方を変えてみましょう。Kくんは「この頃縄跳びを結んだり、紐巻きコマで遊んだりすることが多かった」という背景があるとしたら、「身のまわりにある紐やロープと腕を結び付けて捉えようとしているのだ」と考えることができます。

　TくんやMちゃんに対しても、「どうしてそこに興味を向けたのだろう？」と推測してみると、子どもたちが何に関心を向けているのかがつかめたり、一緒に考えることが楽しくなったりします。そこから展開する豊かな世界が待っています。

　本書は、私がクラス担任をしていたときに綴った、子どもたちの好奇心から、あるいは保育者のワクワク感から始まった、幼稚園での実践の記録です。「保育っておもしろいな」「幼児ってこんなことを考えるんだ！」と、好奇心から始まる遊びの世界に驚いていただけましたら幸いです。さらに、現場の保育者の方々に「自分もこんな実践記録を書いてみよう」と思っていただけたとしたら、こんなに嬉しいことはありません。

2017年初冬　　利根川彰博

Contents

はじめに　3

第1章　発見! その1　**氷との対話**　12

冬になり、園庭に氷が張ったり、雪が降ったりしました。子どもたちは、どんな出会い方をし、どんなふうに活動が展開していったのかを捉えます。

氷と出会う。／ツブツブの発見／繰り広げられる主体的な学び／「ツブツブの謎に迫る! クラスでの対話／「キレイな氷をつくろうよ」／氷実験屋さん／まとめ

新・保育所保育指針・幼稚園教育要領の視点で見てみると…　汐見稔幸

第2章　発見! その2　**虹との対話**　26

保育室の近くに、とても鮮やかな虹が現れました。その虹と出会い、「どんな仕組みでできているのか?」と探求していく様子を捉えます。

それは偶然の出会いから始まった／Tちゃんの仮説／なぜ虹ができるのか?／思いつきと教材準備／ついに鮮やかな虹と出会う／なんで、虹ができるのだろう?／「今日の虹は素晴らしい!」／鏡を使った遊びへ／「小さな屋根」で実験／「また、実験やりたい」／あの虹は、どう成り立っていたのか?／実験・発見が広がる／「虹さん、虹さん、どうもありがとうございました」／その後も続く「虹」との対話／まとめ

第3章　発見！その3　木と紅葉の研究　46

秋におこなった木工活動。ある時、材木と木造の園舎と庭の樹木が結びつき、そこから始まった探求活動です。紅葉と落ち葉の研究にも発展していく様子を捉えます。

材木の色が違う!? ／Kくんの発見！ ／「木の研究がしたい」／「木の研究の紙」：その発見の価値／落葉と紅葉／「どうだ」とばかりに胸を張って…／子どもたちの理論は核心をついている／落葉の色とニオイ／まとめ

新・保育所保育指針・幼稚園教育要領の視点で見てみると…　汐見稔幸

第4章　発見！その4　光と影との対話　64

光と影はいつも身近なところにありながら、意識されることがほとんどありません。ところが、偶然現れた「カタチ」によって、ぐっと子どもたちに迫ってくる様子を捉えます。

[「やじるし」の発見] 4月13日「やじるし」と出会う／出会えない日々が育てるもの／やじるしとの再会／やじるしの変化を捉える／自然現象の不思議さ／やじるし探検隊
[「ハートの影」との出会い] ハートの影がある／12月7日「ハートの影」と2度目の出会い／「なぜ、時間が経つと影は動くのか？」／ハートの影の正体は？／まとめ

第5章　発見！その5　モノからアートへ　80

ドロダンゴ、どんぐり。保育の場では珍しいものではありませんが、子どもの発想によって思いもよらない活動が展開していく様子を捉えます。

[色ドロダンゴをつくろう] 「土の色じゃ、つまんない」／絵の具を塗ってみよう／色スナづくりの始まり／色つけ実験の始まり／繰り返される色スナづくり／色つきダンゴづくりも繰り返される／まとめ
[ドングリからボンドへ] ドングリで遊ぼう／ドングリでデザインを楽しもう／素材が増えたら、どうするのかな？／新しいアート技法のきっかけ／アート技法の発展／「キレイ」の探求／まとめ

新・保育所保育指針・幼稚園教育要領の視点で見てみると…　汐見稔幸

第**6**章 **発見！ その6** Sくんの学びの物語　100

Sくんが、ふとつぶやいた疑問。クラスの仲間もそれを共有しつつ、疑問が広がったり、答えを求めて探究活動が進んだりしていく様子を捉えます。

Sくんのつぶやき（6月25日）／関連する疑問・考え合うおもしろさ（6月26日）／ペットボトルで実験してみよう（6月27日）／ペットボトルの中身の変化（6月28日）／思わぬ展開（同日）／「重さ」とは？　結果を受けて話し合う（7月2日）／「水と土はどっちが重い？」（7月10日）／まとめ

新・保育所保育指針・幼稚園教育要領の視点で見てみると…　汐見稔幸

第**7**章 **発見！ その7** 不思議なふしあな　116

回廊デッキの床材に点在する「ふしあな」。この園に特有のものかもしれませんが、子どもたちの出会いの様子を捉えます。お話づくりや劇づくりへと活動が展開しました。

子どもたちの発見／「消えた人形事件」の物語／やっぱり「ふしあな」は魅力的／「ふしあなをめぐるお話」をつくろう／「昨日の続き！」／ストーリーづくりと動きづくりの繰り返し／クライマックスは3日目／Mちゃんのアイディア／物語の完成。絵本づくりへ／「ほんとうに風がきた！」／まとめ

あとがき　135

「指でも、できるよ」
(レッジョ・エミリアのカタログで、足で星をつくっている写真を見て)

水たまりでミミズを発見

思いのぶつかり合い

虹色のキュウリができるかも。

みんなやりたがり。長さを測ったところで、「誰が線を引くか」もめてます。今まさに、大切な体験をしています。

虫眼鏡は探索の必須アイテム

第1章　氷との対話

第2章　虹との対話

第3章　木と紅葉の研究

第4章　光と影との対話

第5章　モノからアートへ

第6章　Sくんの学びの物語

第7章　不思議なふしあな

発見！その1 氷との対話

　私たちの幼稚園がある地方では、1月から2月にかけての寒くなる時期に自然にできている「氷」に出会うことがあります。こうした「自然」は、子どもに出会わせたいものとして、これまでも多くの保育現場で取り上げられてきています。

　しかし「保育者が子どもたちに体験してほしいことは何なのか」ということが確かめられていないと、安易に「氷」についての科学的な知識を伝える活動になってしまったり、子どもたちが興味を向けていることと、保育者が取り上げることとがかみ合わなかったり、子どもと氷との対話が薄っぺらなもので終わってしまう危険性もあります。逆に、子どもたちの知的な好奇心を刺激することで、子どもたちが夢中になって学びを深めていく姿が見られます。

氷と出会う

この年、1月16日に雪が積もるほど降りました。それほどの雪が降るのは、年に1〜2回の出来事です。その後、日中は雪が溶け、夜になると凍るということが繰り返されていたので、朝になると園庭のところどころに氷が張っていました。私たちの園には、池などのように常に水が張られている場所はないので、こうした出会いは貴重なものです。

氷をじっくり見てみると、泥が混じっている部分と透明度の高い部分とがあります。

私は、なるべくキレイな氷を探して手に取りました。太陽の光にかざし、角度を変えながら氷の表情の変化を楽しんでみると、なんと美しいのでしょう。「この氷を見たら、子どもたちはどんな反応をするだろう?」と考えると、心が弾みます。(写真❶)

私は氷を手にしたまま保育室に入ると、テーブルの上に手頃な大きさの半透明の容器を置き、その中に氷を入れておきました。

さっそく、近くにいた子どもたちが集まってきます。(❷)

関心をもって集まった子どもたちは、なぜかみんな、氷越しに世界を眺めています。

手で触り、その触感や冷たさを確かめ、目ではその見え方の違いを確かめているようです。(❸)

汐見先生のコメント

氷、落葉、ダンゴムシ……。ふだん何気なく見ているものをよく見ると「アレ? どうしてだろう?」という疑問を誰かが言い出します。「氷ってどうして冷たいの?」「氷ってどうして透き通っているの?」……。その問いを保育者が逃さず聞きとめ、みんなで共有する。そこから探求の物語は始まります。

1 氷との対話

氷は光の角度で表情が変化します

氷との対話が始まります

なぜか氷越しの世界を眺める子どもたち

ツブツブの発見

　そのうち、1人の子が「白いツブツブがある」と声をあげました。たしかに、よく見ると氷の中にはツブツブがあります。

　ほかの子どもたちも興味を示して注目、「白いツブツブ」を確かめていきます。そのツブツブは角度によって見えたり見えなかったりします。自然物の魅力はこうしたところにもあります。(❹)

　Sくんは「(氷を)虫眼鏡にしたら、ツブツブの世界が見えるんじゃない?」と予想し、氷を目の前に構えて、懸命に目を凝らしています。Kくんも同じように氷越しに世界を眺めると、「ぼやけた世界だった」とつぶやき、本物の虫眼鏡を持ってきて氷を覗き込んでいます。(❺)

　そして、観察の結果を「アワだ。なんかアワみたいに見える」と報告します。

　Mちゃんは「横から見ると、トゲトゲみたい」と、視点を変えると見え方が違うことを指摘します。

　それぞれの子どもたちによる探索が始まりました。

繰り広げられる主体的な学び

　ここ数日、天気のよい日が続いていましたが、朝晩は冷え込むため、庭に出ると、まだまだ地面に氷がたくさんあります。

先生のきもち

　子どもたちはこの氷から何を感じ、何を発見するのでしょう。子どもの心に沿うのは、きっと次のような見方ではないでしょうか。

　今まで「ある」と気づかなかったものを見つける、それが発見です。ほかの誰でもない、自分が発見するから価値があるのです。心が弾み、それを共有できる人に知らせたくてたまらなくなります。もちろん、仲間の発見を受けて、自分でも確かめ、「本当だ! 今まで気づかなかった!」ということも大切です。

　「あぁ、発見するって、なんて素敵なことなんだろう!」そう感じる子どもたちに育ってほしいと、私は願います。

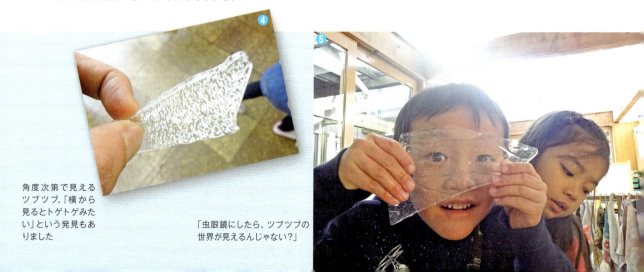

角度次第で見えるツブツブ。「横から見るとトゲトゲみたい」という発見もありました

「虫眼鏡にしたら、ツブツブの世界が見えるんじゃない?」

庭の地面は、どこも同じ状態というわけではありません。

たくさん日が当たる場所と、ずっと日陰になっている場所。水の通り道になっている場所。そんな条件の違いで、スケート場のように（ちょっと大げさな表現ですが）氷が張り、滑ることを楽しめるスペースもできあがっています。（❻）

登園後は、自由な遊びの時間なので、ジャンパーを着込んで、スケートを楽しんでいる子どもたちもいます。庭中をめぐり、その様子の違いを楽しんでいる子たちもいます。もちろん「部屋の中で暖かく遊びたい」という子たちもいます。

そんな中、氷との対話が始まっている子どもたちは、すぐに「キレイな氷があった」と、発見して私に報告してくれます。（❼・❽）

そして、いろいろな子どもが持ってくるどの氷にも、やっぱり"ツブツブ"があったのです。

私が「やっぱりツブツブがある」と思わず口にすると、氷を持ってきた1人のIくんが、反応してこう言います。

「氷がシャボン玉みたいになってるんじゃない？」

それを受けて、Mちゃんは

「中に水が入ってるんじゃない？」

Eちゃんは「雪の結晶が、みんなで固まって、丸く見えるんじゃない？」

と、それぞれ自分の考えを口にします。

私は、その言葉一つひとつについて、ビジョンとして思い浮かべてみます。手に持っている氷と見比べながら。

先生のきもち

この時期の子どもたちは自分なりの考えを持っています。一人ひとりがそれを表現するとき、私はとてもワクワクします。「あぁ、この子はこんなふうに世界をみているんだ」という発見。それは私にとっての学びです。

1 氷との対話

「スケート場」でフィギュアスケートに挑戦する子どもたち ❻

❼ 園庭で子どもが見つけたキレイな氷

❽ その正体は何かという推測が始まります

「ツブツブ」の謎に迫る！
クラスでの対話

　片付けの時間となり、クラスのみんなで部屋に集まると、庭から氷を持ち込んだ子どももいて「ツブツブ」のことが話題となりました。

　Yくんが「スケート場（のように氷が張っている場所）の氷は、あのツブツブはないよ」「その氷、どこにあったの？　できる場所によって違うんじゃない？」と言います。

　さすが、研究好きのYくんです。いきなり「できる場所によって違う」と指摘してきました。

　私が、Iくん、Mちゃん、Eちゃんたちの意見を伝えると、さらにまた、いろいろな意見が続きます。

　この時点で、一人ひとりの「ツブツブ」に対する興味の持ち方には、大きな幅があります。たいして関心を持っていない子どもも、もちろんいるでしょう。

　しかし、クラスの仲間が強い関心を示し、熱く語ることで、次第にその関心は伝染していくのです。

　Oくん「中に凍ってないヤツが入ってるんじゃない？」

　Sくん「ヒビじゃない？」

　Bちゃん「空気」

　Hちゃん「あわ？」

　Yちゃん「Bちゃんと一緒の、空気」

　Tくん「Yくんが言ってたとおり、氷ができる場所によって違うと思う」

　Uちゃん「雪が氷の上に降ってきて、それが固まったんじゃない？」

　Cちゃん「全部、中も水を固めようとしたのに、動いちゃって、そこ（ツブツブ）だけ中に何もない」

　Dくん「水？」

　Eちゃん「氷の中に氷が入ってる？」

　Dくん「全体が氷じゃん？」

　Tくん「水だと思う……わかった！　空気！」

　次第に興奮を伴いながら、次々と意見が出されていきます。

　なんて素晴らしい対話なのでしょう。5歳児クラスともなると、こうして追求すべきテーマを共有して、仲間の意見に耳を傾け、自分の考えを出し合っていきます。

先生のきもち

　子どもが真実をズバリと見抜いて、それを自分の言葉で表現していることがあります。実は、そうしたことに驚かされたことがこれまでに何度もありました。

　ですから、こうした子どもの発言は、慎重に受け止める必要があると思うのです。

　こういうときに大人が『ハイ、私はその答えを知っています。大人ですから』という姿勢で、「このツブツブはね、〇〇なんだよ」と、『正しい答え』を宣言したとします。『あぁ、自分はまたひとつ、子どもたちに正しいことを教えた。しっかり仕事したぞ』と自己満足に浸ることができるかもしれません。しかし、子どもたちの探究心の芽は、熱風を浴びせられたように枯れ果ててしまうでしょう。

私はワクワクしながら、子どもたちの言葉を聞き漏らさないようにとメモしていきます。そして、出てきた意見から、ツブツブの正体を、「水」「空気」「氷」「何もない」と、「4つ意見があるね」と整理しました。

　子どもたちもそれを受けて考えます。

　Cちゃん「氷の中に水が入ってたら、動くはずだよ」

　この意見を受けて、何人かが、たまらず立ち上がり、氷が置いてあるテーブルに向かって動き出します。実際に氷をつかんで、振ったりして確かめ始めました。

　動き出した子どもたちに、Kくんが「虫眼鏡で見たら、アワみたいに見えたよ」と、朝の体験を伝えます。さっそく、虫眼鏡が持ち出されました。⑨

　そして、「アワだ！」「アワだ！」と、確信したような声が響きます。

　Cちゃんは「空気がシャボン玉みたいに、丸くなってた！」と、興奮しながら、発見を語ります。⑩

　ここで、「どうやら、ツブツブの正体はアワらしい」というムードが広がり、徐々に落ち着いていきました。

　すると、Yちゃんが言います。

　「おなべって、ブクブクってなるじゃん？　アレとおんなじじゃないの？……氷は冷たくてブツブツ」それを受けて「熱いのと冷たいのと、逆じゃん」という声もありました。

　私は「ここまで結びつくなんて！……これが対話と学びの姿だ」と、子どもたちのやりとりに、興奮していました。

　「ブクブク」と「ブツブツ」の対比も、韻を踏んでいてセンスがあります。文字ではわかりにくいでしょうから、ぜひ、声に出してみてください。

先生のきもち

　グッとこらえて待ってみましょう。子どもの動きを探ってみましょう。「不思議」に出会った子どもたちは、「なんで？」「どうして？」と、懸命に思考します。これが学びの起点になるのです。そして、自分なりに「きっと〇〇なんじゃない？」と仮説を立てます。

　子どもたちは、自分の持っているものを総動員して、目の前にある「謎」を解こうとしているのです。みずからその答えを生み出そうとしているのです。保育者は、その価値がわかる人間でありたいと思います。

「虫眼鏡で見たらアワみたいに見えたよ」の声を受けて、確かめようと動き出した子どもたち

空気がシャボン玉みたいに丸くなってた！

そして、翌日。クラスで集まった時、また氷のツブツブが話題になりました。

Aちゃんは昨日欠席していたので、私が話の流れを伝えると、Aちゃんはツブツブについて「それは空気だよ」と、きっぱり言いきりました。

あまりにも歯切れのよい答えだったので、私が「じゃあ、どうして空気が入るの？」と返すと、「氷ができる時に、空気が下りてきて入るんじゃないの？」と、ジェスチャーを交えながら言います。

この、私とAちゃんのやりとりを受けてUちゃんが言います。「水って空気が混ざってるんだよ」と。

どうやら、このやりとりを聞いて何かとつながったようです。

「魚って水の中で息するじゃん？　水を飲んで、エラから出して息してる」とUちゃん。

私は『Uちゃんの家、魚を飼ってるのか？　それとも、年中組の時、保育室の近くに熱帯魚の水槽があったから、関心を持っていて……』と、その発想のもとに興味を持ちました。しかし、周りの子どもたちは、理解しづらいようすです。そこで、私が図を描き「魚は水の中で息をしている」というUちゃんの考えを伝えました。（⑪）

Tくんは、それを理解した上で、「イルカは息する時、顔を出して息してるじゃん」と反論してきます。

〝どっちの意見がほんとなの？〟という混乱した状態に陥る子どもたち。すると、突然、Kくんが「イルカは哺乳類だよ」と指摘します。ふだん、こうしたクラスの話し合いの場面では、あまり発言することのないKくんの口から、素晴らしいタイミングで「哺乳類」という言葉が出てきたことに、私は内心驚きました。ですが、そうです、考えてみればKくんは図鑑好きだったのです。

子どもたちは「哺乳類ってなんだ？」と、ざわめいています。さっそく部屋に置いてあった図鑑を開いてみました。

ココがポイント

こんな意見もあるでしょう。

「そんな知識、幼児に必要なのか？」

「それがわかったところで、子どもたちにとって、なんの意味があるのか？」などなど。

しかし、ツブツブの正体だけを取り出して子どもたちに教えても、それは意味をなさないでしょう。重要なことは別のところにあります。

はじめに子どもたちが「これってなんだろう？」と、心が動いていること。それをどうにかつかもうと、仮説を立てたり探究したりすること。その過程で仲間たちと対話があり、いろいろな見方ができることを知ること。そして、対象そのものに迫っていくこと。こうしたやりとりの過程こそが重要なのです。

「魚は水の中で息をしていること」を図解　　氷づくりの活動が始まりました

ヒイラギの葉っぱみたい

「動物図鑑」には、はじめに「哺乳類って何?」というページがあり、解説もありました。なんと都合の良いことでしょう。ここでモタモタしているとつまらなくなるところです。

図鑑から、イルカは魚の仲間ではなく「哺乳類」であり、自分たちも、クラスの飼育動物のウサギも、年長組で世話をしているヤギも「哺乳類」である、ということが確かめられ、騒然となる子どもたちでした。

私が「氷」の話題に戻し、「もともと水の中に空気があるからツブツブができる」というところに進みます。でも、それで終わりにはなりません。疑問は解決されると、また新たな疑問を呼びます。

ツブツブは白いけど「空気って透明じゃん」という反論が出されたのです。
「凍ると見えるんじゃない?」と再反論もあります。対話するから、いろいろな見方が交流し、探究は深まります。

新たな疑問も生まれてきます。

この時点では、まだまだ続くのかとも思われましたが、ここが「ツブツブの正体」についての、とりあえずの終着点でした。

「キレイな氷をつくろうよ」

「ツブツブの正体」についての話し合いと平行して、前日「キレイな氷をつくろう」と数人の子どもたちが、いろいろな容器に水を張って、庭の中でも、一日中、日陰になっている場所を選び、溶けずに残っている地面の氷の上に置いていました。⓬

氷ができていることを期待していた子どもたちは、翌朝、「氷、できてるかな?」と会話を交わしながら、朝の支度を済ませて、さっそく氷を見に行きました。ただ、夜は曇っていたので気温は下がらず、今朝は0度でした。期待していたほどの厚い氷はできず、うっすらとしたものだけだったのです。

私は思っていたような氷ができていないので「自然現象は思うようにならないから、仕方がない」などと考えていました。

しかしMちゃんが、そのうっすらした氷をそっと引き上げると、おもしろい模様になっています。

そして、「ヒイラギの葉っぱみたい」というコメントが聞かれます。こうした発見は、やはり偶然現れます。⓭

なぜ、こうした模様ができているのでしょうか。

汐見先生のコメント

「なぜ氷はツブツブができるんだろう?」「どうしたらツブツブが減らせるんだろう?」
私たち大人は、もうこんな素朴な疑問を持てなくなっているのかもしれません。でも、子どもたちは違います。本質的な疑問がちょっとした気づきから生まれてくるのです。すごいなとつくづく思います。
でも、皆さん、どうしたらツブツブが減らせるかご存知ですか?こんな会話が今の子どもたちはできるという見本みたいなエピソードですね。

1 氷との対話

簡単にはそのワケを推測できません。だから、子どもたちは魅力を感じ、惹き付けられるのではないでしょうか。

容器の中に水を張った氷づくりは継続しています。
私は、「どうせなら、ビニール袋に水を入れて吊るしておいたらどうなるか、やってみよう」と、新たな実験も提案します。子どもたちも「ビニール袋、ちょうだい」と、水風船のようなものをつくって容器に入れています。⑭

そして、3日後。朝の気温がマイナス6度まで冷え込みました。いい氷のできていることが期待できます。子どもたちと確かめに行くと、ビニール袋の中の水もカチカチに凍っているようです。⑮・⑯
さっそく、子どもたちは氷を室内に持ち込みました。容器の氷を持ち上げてみると、すぐに発見がありました。表面はカチカチだったビニール袋。ところが、下のほうは「ブニュブニュ」しているといいます。⑰
Sちゃんがすぐに、「こっち(上)は冷たいのがきて凍ったんじゃない? 下のほうは、水に包まれて当たってなかったんじゃない?」と推測し、伝えます。 Mちゃんは自分のはさみを持ってきて、ビニール袋を切り開きます。その手つきは、まるで開腹手術をしているようです。⑱

私が考え込んでいるあいだにも、子どもたちは、自分たちがつくった氷との対話を続けています。透明のカップにできた氷をSちゃんが持ち上げると、Mちゃんが言います。
「パフェみたい」

先生のきもち

「氷との対話」は、ツブツブの正体に迫ることだけではありませんでした。子どもたちとしては、もっと直接的に五感を使ってアプローチするほうが性に合っているとも言えるでしょう。手っ取り早く言えば「魅力ある素材は、遠慮なくイジリ倒す」のです。

そうした遊びの中で、対象についての理解を深めていきます。大げさに言えば、子どもたちはそうやって、身の周りの世界を知っていくのです。

凍ることを待ちます

ついに凍った!

部屋に持ち込みます

開腹手術のような手さばき

そして、ひらめいたように「氷実験屋さんになるんじゃない？」と言います。⑲
「もう、なってるんじゃない？」と私。 Sちゃんは「氷博物館になるんじゃない？」
　そして、子どもたちの本領が発揮されていきます。仮説を立てて、それを検証するような実験も大好きな子どもたちですが、もっと感覚的に、ひらめいたことを実行していく種類の実験も大好きなのです。

氷実験屋さん

　さあ、マイナス6度の気温が作り出したビニール袋の中の氷。その氷と子どもたちの対話が始まります。⑳

　はじめは、やはりMちゃんがハサミでビニール袋を切り開いていきます。そして、ていねいにビニール袋を切り開き、中の氷を取り出します。中味の氷が取り出されると、子どもたちは、自分の手で、それを確かめていきます。順番に手に包み、感触を味わっていくと、Sくんがカチカチに凍っているはずのその氷の中に動くものを見つけました。「水だ！」と声をあげます。㉑・㉒
　すると、「穴を開けて、出してみれば？」とSちゃん。
　ここが保育者の出番だ、と私は穴を開けるための道具を用意します。
　Mちゃんがそれを手にして、慎重に穴を開けていきます。
　Sくんが、氷が動かないようにおさえています。言葉を交わしたわけではありませんが、同じ目的に向かう時、こうした連携は自然におこなわれます。ついに、氷に穴が開きました。Sくんが持ち上げて逆さにします。

先生のきもち

　こうなると私は、俄然ワクワクしてきます。きっと予想もつかないような展開になるでしょう。こうしたときの保育者の役割は、思わぬ危険な状況が起きないようにということに注意を払いつつ、そういった危険性が感じられないかぎり、口を出さず見守ることだと思います。
　と、偉そうに言っていますが、ここで繰り広げられることに立ち会っているというだけで、私は嬉しくてたまらないのです。「きっと、何かが起こるだろう」と。

1 氷との対話

⑲ 氷実験屋さんになるんじゃない？
吊るしてあったビニール袋 ⑳

袋から氷の感触を確かめます ㉑
氷の中に動くものを発見 ㉒

みんな、水が滴り落ちることを予想して見守っています。でも、何も出てきません。「あれっ?」と、拍子抜け。㉓

すると、Sちゃんが言います。「もっと、たくさん穴を開けて、絵の具をぽたって、たらしたら?」

さすが、「氷実験屋さん」です。この斬新な発想。なぜ、絵の具が発想されたのかはわかりません。けれど、そのアイディアは断然おもしろい。もちろん、周りの子どもたちもSちゃんのアイディアに食いつきました。

「やろう、やろう!」「何色にする?」と、興奮度が高まっていきます。結果、「赤」が選択されました。㉔

Mちゃんが、赤い絵の具を溶いたものをスポイトで吸い上げます。そして、氷の穴に差し込むと、ゆっくりとスポイトに力を込めていきます。氷の中に、赤い色が広がっていきます。㉕

その光景に「わ〜っ……」と静かに歓声が広がっていきます。

はじめて見る光景に刺激され、さらに興奮が高まると、「ほかの色もやってみようよ」という声があがります。もちろん、「やろう、やろう」「今度は、黄色にしよう」と、周りの子どもたちも、それを受けます。

透明の氷の中の赤。それを黄色が覆うように広がります。

なんという美しさ。おまけに、氷の中で、じわじわと赤と黄色が混ざっていきます。次第にオレンジ色になっていくのです。

子どもたちは、その様子を食い入るように見つめています。美しい光景にうっとりとしている子どもたちでした。

先生のきもち

私は、次なる道具、絵の具とスポイトを用意しました。

そうした道具の用意も、子どもたちに任せるべきだ、という意見もあるでしょう。私もそう思います。

しかし、この時の私は、その先が早く見たくてたまらなくなっていました。心が動いているのは子どもたちだけではありません。私の心も激しく動いているのです。

穴を開けて、逆さにしたら、水が出てくるはずなのに…出てこない

スポイトで穴の中に赤い絵の具を注入

氷の中に赤色が広がっていきます

そこでふと、「みかんのニオイがする」と、誰かがつぶやきました。
1人ではなく、そこにいる子どもが一人残らずニオイを確かめていきます。もちろん、自分の鼻で。それが子どもです。素晴らしい。(㉖・㉗)

このオレンジ色の氷は、残念ながら時間と共に、溶けていき、その姿を消しました。その美しさを、いつまでも留めておけないというところが、自然物の魅力なのかもしれません。
しかし、「氷実験屋さん」は、その後、姿を見せることはありませんでした。
「えっ、これでおしまいなの？」と思う人がいるかもしれません。しかし、ここで終わったことには、それなりの理由があるのです。なぜなら、マイナス6度まで冷え込んだのは、この1日だけだったからです。
幕切れのあり方は、自然条件によって決まりました。最も気温が下がった時に、最も高まった氷への関心。そんな活動でした。

汐見先生のコメント

「実験とは自然を拷問にかけることだ。すると自然は、みずからを語り出す」と言ったのは、16～17世紀のイギリスで、哲学者として活躍したF・ベーコンでした。
でも、こうしてみていると、実験は美しい芸術作品づくりのための「試し」でもあるのですね。

1 氷との対話

自分の鼻で実感することが重要です

「みかんのニオイがする」というつぶやきを受けて確かめる子どもたち

まとめ

　この活動は、幼稚園教育要領の保育内容「環境」にかかわるものです。それぞれの地方の気象条件にもよりますが、冬になれば寒さや「雪」「氷」などは、自然に経験することになります。けれど、「それが子どもたちの感覚とか感性に十分に染み込むかたちでそういうものが体験できているかというと、必ずしもそうではないわけです」と、無藤隆さんは指摘しています[※1]。

　身の周りに現れる自然の事象を、子どもたちの感覚・感性に訴えかけるようにするには、どうしたらいいのでしょうか。それは保育の課題ですが、ここでも、保育者の計画性と子どもが主体的に対象とかかわっていくそのやり方のバランスが重要であると思われます。

　ここで紹介させていただいた活動は、あくまでもひとつの実践例です。同じように計画しても、子どもが違えば展開も大きく変わってくるでしょう。だから、その対象は「氷のツブツブ」でなければならないわけではありません。そして、科学的に正しいとされている「正解」にたどり着かなければならないわけでもありません。ハッキリとした答えにたどり着かなかったとしても、その「疑問を抱え続けること」も、とても重要なことです。数年後に謎が解ける時がくるかもしれません。

　小学校の理科の授業で学習するときに、ふと、つながって、興奮する子どもの姿を想像するのも楽しいものです。

　「氷をめぐる、こんな保育実践もあるのだ」という事例が、現場の保育者の皆さんのイマジネーションを刺激したとしたら、もっと素敵な実践を生み出していただけるのではないか、と期待します。

※1）無藤隆　2009「幼児教育の原則」ミネルヴァ書房．P77

汐見先生のコメント
新・保育所保育指針・幼稚園教育要領の視点で見てみると…

　2018年度施行の新しい教育要領では「主体的で対話的で深い学び」の体験が大切にされています。このエピソードには、この３つの要素が見事に組み込まれているのを感じます。

　主体的な学びとは、子どもたちがさせられているのではなく、みずから、したい、やりたい、知りたいなどと思って学ぶこと。対話的な学びとは、みんなで意見を交換したり、考えたことを言葉にしたり、わかったと思うことをうまく説明したりするなど、他者を通して認識を深めること。そして深い学びとは、新たに学びを知ったこと、できるようになったことなどが、それまでに学んで身についていた知識や技、スキルなどとつながって、より高い認識がもたらされること。あるいは、学んだことが感情の新しい動きを呼び出し、心に深く残ることなどをさします。

　このエピソードでは、とくに対話的な学びを導くために、利根川先生が、ときにぐっとこらえ、子どもたち自身の探求が進むようにと、ていねいに努力していますが、それが結果として、子どもたちの対話的学びを導いていることに注目したいと思います。ここで、先生に権威主義的態度が垣間見られると、この対話がうまく起こらないのです。さすがです。

発見！その2
虹との対話

　これからご紹介する活動は「虹」をめぐるやりとりです。正確には「虹」ではなく、光のスペクトルでしょう。しかし、ここでは「虹」として話を進めていくことにします。

　あんず幼稚園では、その園舎の構造のおかげで、雨上がりなどに回廊デッキ（床）に虹が現れることがあります。とてもキレイで、子どもたちを惹き付けます。しかし、保育者のかかわり方次第、子どもたちの興味の持ち方次第で、出会った後の展開が違ってきます。

　「虹」をめぐるやりとりは、結果的に4か月続きましたが、ここでは2学期の初日から2週間の出来事を日々の記録でご紹介したいと思います。

それは偶然の出会いから始まった

　2学期が始まり、長い夏休みを終えて、クラスの子どもたちと久し振りの再会。しかし、この日は半日保育で子どもたちはすぐに降園していきました。

　子どもたちが帰った後の午後1時、園内を歩いていると、P組の横のデッキ（床）に、何か輝くものが目に飛び込んできました。近づいてみると、それは驚くほどはっきりとしたきれいな虹だったのです。（写真❶）

　私が、その虹はどこからやってきたのかを探してみると、屋根の上に「虹のもと」のあることがわかりました。屋根は採光のため、透明の素材でつくってあります。そして、傾斜をほとんどつけていないため、落ち葉などで水がせきとめられると、雨水がたまってしまうことがあります。

　その日も、何日か続いた雨のために、デッキ上の屋根の上に雨水がたまっているところがありました。そこに陽が当たって、虹が生み出されているようです。（❷）

　きれいな虹のことを子どもたちに知らせたいと思ったのですが、もう子どもたちは降園した後。もどかしさを感じつつも、私はカメラに手を伸ばし、シャッターを切りました。そして、プリントした写真を保育室内の大きなホワイトボードに貼っておいたのです。

　実は、この日を含め3日間は半日保育で、この時間帯に虹が出たとしても、明日と明後日は、子どもたちは見ることができません。

『さあ、この虹をめぐって子どもたちとどんな対話ができるだろう？』

　これが、この活動の始まりです。

汐見先生のコメント

要するにプリズムの原理で、屋根の隙間に水でできたプリズム状の三角形ができたのですね。そこを光が通ると、屈折率の違いで色が分かれるのですが、偶然とはいえ見事なものができたわけです。
これを保育の素材として見逃すのはもったいない。さすが、利根川先生です。

2　虹との対話

❶ 突然、床の上に現れた虹

❷ 虹の上には透明の屋根。そして、一部には雨水がたまっていた

Tちゃんの仮説

　9月4日（火）の朝、年中K組の子どもたちが担任と一緒に、「部屋で虹が見える」と知らせに来てくれました。前日、虹について話したK組の担任が、気を利かせて知らせにきてくれたのでしょう。さっそく子どもたちと見に行きます。
　K組に入ると、メダカの水槽を指して「ほら！」とK組の子どもたちが興奮気味。
　たしかに虹が見え、「ホントだ！」「見える！」という声がします。（❸）
　角度によって見え方が違うためか、子どもたちは、自分の顔や目の位置を調整しながら、見ようとしています。
　Tちゃん、Gちゃん、Sちゃんや実習生、ほかにも何人か一緒にいたはずです。
　部屋に戻る帰り道で「年長のデッキの金魚のところでも虹が見えるよね」という声があがっています。これは1学期にも話題になっていたので、「そうだよね」と冷静に共感している子どもたちもいますが、もちろん金魚の水槽も確かめようとする子もいます。（❹）
　Tちゃんは実習生に対して、「どうして虹ができるかっていうと……」と話し始め、「太陽と、ガラスで、虹ができる」と力強く説明していました。
　私は、「太陽と水で虹ができる？」とTちゃんの言っていることを確かめてメモをとろうとしました。すると、Tちゃんは「違う！　太陽とガラス！」
　私は、前日きれいな虹を見た場所に、Tちゃんを案内しました。
　Tちゃんは屋根を見ながら「ガラス（屋根）に太陽が当たって、それが（床に）反射して、できるんじゃないの？」と大きな身振りで説明していました。

先生のきもち
　私のこうした行動は子どもたちの発言を受けてのことです。
　『子どもたちはこんなふうに考えているんだ。だったら、それを進める手がかりを用意したい』
　そんな思いから動き出していました。

K組の室内に置いてあるメダカの水槽

P組近くの金魚の水槽

私が思っていた以上にTちゃんは科学的に捉えようとしていました。では、ほかの子どもたちはどうなのでしょう。なんだか予想もしない展開になりそうです。

なぜ虹ができるのか？

10時30分過ぎ。クラスみんなで部屋に集まりました。そこでKくんが、ホワイトボードに貼ってあった写真を指して「あの虹、何？」と注目していたことから虹が話題になりました。

私の表情はその瞬間、輝きを増していたことでしょう。さっそく「それは、昨日先生が見た虹で、お弁当を食べた後にできていたから、お弁当の日になればみんなもきっと見られるよ」と伝えました。そこに誰かが「曇ってたら見られないけどね」と付け足します。

Tちゃんの「なぜ虹ができるのか」という仮説を私がみんなに伝えると、Yくんが「水と太陽で虹ができる」と違う意見を出してきました。おもしろい。

すると、Tくんも手をあげるので、私が「Tくんはどう思う？」と促すと、「水と太陽でできる」と、Yくんと同じ意見です。

実は、Tちゃんの意見は特別で、多くの子どもたちは、そもそも「なぜ、虹ができるのか？」ということについてそれほど関心を持っていないのではないかと私は思っていました。しかし、ほかの子どもたちの意見も的を射ていますし、関心も少なくないようです。そんな手応えを感じた私はワクワクしてきました。

私が「ほかに、こう思うって人、いる？」と促すと、Sくんが「水と太陽とガラスでできる」と、3つの要素をあげます。

続いてRくんは「ガラスと太陽」と、Tちゃんと同意見。

私は「TちゃんとRくんは同じ考えだね」と確認し、この日の話はここで打ち切りました。

中途半端な感じもあるかもしれませんが、子どもたちはまだ、あの虹を見ていないからです。まずはあの虹と出会い、私が受けた感動を共有してもらいたい。そこから本当に「なぜ？」がスタートするはずです。

先生のきもち

私は「そうか。太陽とガラスね」とメモをしながら、Tちゃんが「どうして虹ができるかっていうと……」と言ったことに感動していました。

『幼児が虹のできるしくみについて考えを持っている』ということに驚くとともに、もっと確かめてみたい気持ちになったのです。

2 虹との対話

思いつきと教材準備

　子どもたちの降園後、私は「『なぜ虹ができるのか？』を話題にしても、屋根の上に雨水がたまっている状態が、子どもの目線ではよくわからないだろう。なんとか、それを見えるようにできないか」と考えていました。

　そして「屋根の角度がちょうどプリズムになっていて虹ができているのなら、あの屋根と同じ材料を使って、子どもの扱えるものをつくれないだろうか？」という思いが浮かびました。屋根と同じ材料の余りがある場所には心当たりがあります。それを使って、子どもたちが自分たちで水を入れたり調節したりできる実験道具をつくる見通しが立ちました。

　さっそく私は材料を調達し、制作に取りかかりました。できあがったそれに、私は「小さな屋根」と命名しました。（❺）

　ただ、先走ってこれを提示しては意味がありません。まずは一日保育が始まって、あの虹を子どもたちが見ることからです。

　「なぜここに虹ができるのか？」と屋根の上との関係に目を向けるように促したい。そこから、子どもたちの考え（仮説。「きっと○○だからじゃない？」）が深まるようなら、そこで今日つくった「小さな屋根」を出して、実験することを提案できればいい。そんなふうに考えたのです。

ついに鮮やかな虹と出会う

　9月6日（木）からお弁当が始まり、2時降園となります。つまり、1時前後に出てくる、あの「きれいな虹」を子どもたちも見ることができるということです。

　お弁当を食べ始める時に、保育者がそのことを伝えると、食べながら虹を話題にしているグループもあります。

　「さくらんぼグループ」では、Mちゃんが「虹のカタチに、黄色い電気とか、水色の電気とか、いっぱい並べてつくれば？」と思いついたことを口にすると、Sくんが「なんで反射させんの？」とそこに口をはさみます。

　Sくんは自分の頭の中で思考が進んでいったのでしょう。さらに「雨が降った時、（虹が）たまに出るじゃん。なんでだろう？」と続けます。

 汐見先生のコメント

利根川先生の方法は何気なく見えますが、実は「仮説→実験」という科学方法論をていねいにたどっていることに気がつきます。子どもたちがそれなりの「仮説」を立てたわけです。では、それを確かめるには実際に試さねば……ということで実験の世界に誘い始めたのがこの段です。実験器具をちょっと先走ってつくってみる。こういうところに教師の気転があるのかもしれません。でもこれが実験だと気づくまで、まだだいぶ距離があるようです。うまくいく時もあれば、そうでもない時もある。それが実際でしょう。

それを受けてKくんが、
「雨が降らなくても出る時があるよ。アークって言う」と言います(この時、私は「アーク」が何を指しているのか、わかりませんでした)。
　Aくんも「ガラスに水を入れると虹ができるよ。ガラスに虹」と話題に参加します。
　Sくん「Mちゃんだったっけ？『ガラスと太陽で虹ができる』って言ってたのは？」
　Mちゃん「私じゃないよ」
　私「Tちゃんでしょ？」
　Sくん「そうだった。でも(と、ガラス戸を指さして)、ガラスに太陽が当たってるけど、(虹が)できないよ」
　私「そうだよね。ここではできないね。でも、Aくんが言ったことを実験してみる？」
　と、近くにあった四角形のプラスチックの容器と、ガラスの壺状の容器の2つに水を入れて持ってくると、子どもたちはさっそく試しています。すぐに虹が見えたようで、「見えた！」と口々に言っています。
　Sくんは「やっぱり！　ガラスと水と太陽でできるんだ」と言います。
　Mちゃんは「ガラスを絵の具でいろいろな色に塗ったら、できるんじゃない？　絵の具とガラスと水で」と、つぶやいています。
　SくんとRくんが弁当を食べ終えた後、四角い容器を太陽にかざして、虹の見える角度を探っています。(❻)
　この時点で、まだ12時40分頃だったので、私はさくらんぼグループの子どもたちのやりとりにのんびりと付き合っていたのですが、ふいにYくんがデッキから部屋に飛び込んできて「太陽だけでできている！」と声をあげました。もうお弁当を食べ終えたYくんは、一足先にあの場所に行き、虹と出会ったようです。
『もう、虹が出ている？』

> **うんちく**
>
> 「アーク」とは正確には「環天頂アーク」と言い、空気中の氷晶により、太陽の光が屈折・反射されることで現れる現象です。この翌年の12月に園庭で見ることができました。(❼)

私がつくった「小さな屋根」。あんず幼稚園は保育者も大工さんと一緒に建築に参加しているため、いろいろな材料がすぐ手に入ります。

「ガラスと水と太陽でできているんだ」

不意をつかれてビックリしましたが、さっそく私もお弁当を食べ終えている子どもたちと一緒に現場に向かいました。

虹を見つけた子どもたちから「お〜っ！」と歓声があがりましたが、すぐに静まり、虹の様子に見入っています。(❽)

Tくんは「先生、オーロラ見たことある？」と尋ねてきました。突然「オーロラ」というので、私はビックリして答えられませんでしたが、どうやら虹が揺れている様子を見て「オーロラ」と表現したようでした（屋根の上にたまった水が風で揺れると虹が揺れるのです）。

それは、神秘的な美しさでした。

ほかの子どもたちもお弁当を食べ終えると、集まってきて確かめています。

見上げた空の雲は、動きが速いようです。晴れたり曇ったりするため、虹が出たり、薄くなったり、消えたりしています。

これも、子どもたちにとっては不思議な現象なのでしょう。特に、消えかかった虹が色鮮やかに変化していく様子は、見ている者の表情も同じようにパ〜ッと輝かせていくほど素晴らしいものでした。

汐見先生のコメント

この「神秘的な美しさでした」という言葉がいいですね。とてもいい。自然の織り成すワザに神秘さを覚える感性が子どもに伝わるのでしょうね。

初めて「あの虹」と出会うP組の子どもたち

足で虹に触れようとする

ユラユラ動く虹に見とれる

Rくんは足で虹をなぞり、「Rが足でこうやったら、消えた。恥ずかしいのかな？」とつぶやいています。

　子どもたちは手をかざすと、手に虹が映ったりすることや、立つ位置によって虹が消えたりするということにも気づいて、何度も確かめています。

　やはり、写真の虹と、実際の虹とでは違います。実際の虹はまるで生き物のように動いたり消えたり、刻一刻と姿を変えるのですから。（❾〜⓬）

> ## なんで、虹ができるのだろう？

　帰りの集会で、虹について話題にしました。私にとっては『ようやく、この時がきた』というところです。

　私は「なんで、あそこに虹ができるのだろう？」と、子どもたちに問いかけました。

　Hちゃん「陽が当たって反射して……ガラスに太陽が反射してできる」

　私「ガラスって、どこのガラス？」

　Hちゃん「あの、ギザギザの」とのこと。

　MちゃんとKくんも「Hちゃんと、同じ」と同意見であることを表明します。

　しかしSくんは、P組で集まっている場所から、窓越しに見える屋根の平らなガラスの部分を指して、

　「あの、平らなところに反射してるんじゃないの？」と異論を唱えます。

　すると、それがきっかけになったのか、子どもたちは、口々に「ギザギザ」「平ら」と言っているので、私は「平らなほうだと思う人？」「ギザギザのほうだと思う人？」とア

汐見先生の コメント

こうした不思議な現象から＜なぜ＞を引き出すのが、実は保育の有力な方法です。「どうして雨が降ってくるの？」「どうして男と女がいるの？」「どうして僕は〇〇ちゃんなの？」……。すべて根源的な問いです。子どもはそれに、まともに立ち向かおうとします。大人がマジメに問うた時です。子どもこそ哲学者なのです。

虹をつかまえようとする

薄れていく虹

ンケートをとります。(⑬・⑭)

　結果、「平ら」14人。「ギザギザ」10人。

　するとAちゃんが、「ギザギザのほうが(虹のできていた場所に)近いじゃん」と言います。

　Aちゃんは続けて「虹が動いてたって言ってたし……」と言いますが、Tくんが、それにかぶせて、「虹が2つあるんだし(写真では長い虹と短い虹が写っています。27ページの「写真❶」参照)、平らなほうとギザギザなほうと、両方でできてるんじゃない?」と言います。

　さらにSくんが、「短いやつはギザギザからできていて、写真のほうは平らなほうからできてるんじゃない?」と続け、思ってもいなかった展開となりました。

　子どもたちのやりとりはまだまだ続き、「なぜ虹が動いていたのか?」ということも話題となっていました。子どもたちの発言を記録する右手が追いつけなくなったほどです。

　子どもたちのやりとりを聞きながら、私は「『小さな屋根』を提示するのは、思ったより先になりそうだが、ここはじっくりと時間をかけたほうがおもしろそうだ」と感じていました。

汐見先生のコメント

ものごとの道理を導き出す最初で、もっとも大事な方法は観察です。観察して、見えて、聞こえて、感じたものから道理を推察する。アリストテレスはこれを「テオリア」と言ったのですが、「テオリー＝セオリー＝理論」という言葉はそれに由来します。ともかく、はじめは＜観察、観察＞です。

「今日の虹は素晴らしい!」

　9月7日(金)の前日、子どもたちが降園する2時前後から、しばらく激しい雨が降りました。そのため、屋根の上にたまっている雨水の量が増えていました。

部屋の中から見ると、屋根には平らな部分とギザギザな部分とがあった

昨日は曇りがちの天気でしたが、今日はよく晴れて日が当たっています。

弁当に取りかかる時間が昨日より早く、弁当前にトイレに行った子どもたちが、ちょっと遠回りをして、虹のできている場所をチェックしています。もちろん私も。

そして、Kくん、Sくん、Hちゃん、Aちゃんもいます。

昨日は12時40分頃から虹に注目しましたが、この時点で11時47分。すると、虹は昨日と違う場所にできています。30センチほど西寄りです。

「今日は違う場所にある」と私が言うと、Kくんはパッと顔をあげ屋根を見ます。Sくんは「今日はトンガリ？（ギザギザと言いたかったようです）」と屋根を指さします。

2人とも、虹がどこからきているのかをすぐに探し始めています。

Kくんは「上にはないのに、ここに映っている」と不思議そうにつぶやきます。

Sくんは「今日は日射しがたくさんあって、日射しがたくさんあるところに（虹が）くるんじゃない？」と推論します。するとHちゃんが「髪の毛が虹になってる！」と、Aちゃんの頭に虹が映っていることを発見して驚きの声をあげました。ここから、しばらく虹を頭や顔に映す遊びを楽しんでいました。(⑮・⑯・⑰)

12時17分。お弁当を食べ終えた子どもから、虹のある場所に集まってきました。

Aくんはとても興奮して「素晴らしい！」と跳びはね、手を叩いて「今日の虹は素晴らしい！」と喜んでいます。(⑱)

Cちゃんは「あーっ、虹を食べてみたいな。虹ソフトクリームにして」と、しみじみと言います。私は『Cちゃんらしい発言だな』と思って聞いていると、Hちゃんが「虹、甘くて美味しかった！　ほんとに食べたんだよ」と言い出します。(⑲)

私はビックリしつつ「どこで？」と反応すると、Hちゃんは「ここで」とキッパリ。

それを受けてNちゃんが虹に顔を近づけて口をあけています。そして、なめる仕草。突然、ファンタジーの世界も混ざりますが、それも楽しい話です。

汐見先生のコメント

ここでは単純な観察を超えて、何かの違いで虹のできる場所が違うことを発見しています。すごいことです。
ここで意識的に条件を変えてみて調べようとなると実験になります。近代科学の方法論を、子どもたちは自然とたどるのですね。

2　虹との対話

虹を見つけて、自分に映す遊びを始める ⑮

⑯

⑰

「今日の虹は素晴らしい！」 ⑱

「虹、甘くて美味しかった！」 ⑲

鏡を使った遊びへ

　しばらくするとRくんが鏡を持ってやってきました。そして、虹の上に鏡を置き、鏡に虹を映します。近くにいた子どもたちはそれを見て、「お〜っ」と声をあげます。

　さらに、ここからもっとたくさんの鏡が持ち込まれていきました。(⑳・㉑)

　このたくさんの鏡は、1学期に「星のトンガリ研究」で使うために用意したもので、10個ほどあります。それがこの場面で活かされました。モノが子どもたちの探求を支え、促しているようです。

　子どもたちは、鏡の角度を変えながら動かしているうちに、遠くの壁に虹が映ることを発見しました。そこから、鏡で虹を遠くの壁に映し出す遊びが始まります。

　角度を調整して、自分の思ったところに虹を映そうとする、Hちゃん、Cちゃん、Tちゃん。AくんやBちゃんは、壁に映った虹に触ろうと、懸命に行方を追ったり、跳んだりしています。とても嬉しそうに歓声をあげながら、何度も繰り返しています。

　その歓声と笑顔につられ、私も、その場にいるみんなも、つい笑い声をあげてしまいました。(㉒・㉓)

　私は、子どもたちの様子から『機は熟した』と直感しました。ついに準備していた「小さな屋根」の出番です。

先生のきもち

「なぜ、ここに虹ができるのか？」ということに興味を示し、探求する子どもたちがいます。「きっと、○○だからじゃない？」と推論し、自分なりに納得しようとしています。お互いの考えをすり合わせることを楽しむ子どもたちもいます。

　そして、Aくんのように、「こんなにきれいな虹が、ここにあることが素晴らしい！」と跳びはねている子どももいます。このAくんの姿は、ほかの（仮説を立てるなどしている）子どもたちと比べ、「科学的な心が育つ以前の段階」にいるのかもしれません。しかし、誰よりも目の前の虹に心を躍らせているように見えないでしょうか。

壁に虹を映して動かす

部屋から鏡を持ち出し、反射させて遊ぶ

反射した虹が顔に映る

「小さな屋根」で実験

ココがポイント

「プラダン」とは「プラスチック、ダンボール」のこと。色のバリエーションもあり、保育のさまざまな場面で活用できる素材です。ホームセンターなどで手に入ります。

　昨日(6日)、虹ができたのは「平らな(屋根)ガラスに太陽の光が反射しているから」という意見と、「ギザギザの(屋根)ガラスに太陽の光が反射しているから」という意見とがありました。

　庭に実験道具を運び、それを確かめていくことにします。「平らなガラス」の代わりに用意したのはアクリル板です。これを子どもたちも扱えるように、私がのこぎりでカタチを整えていると、「何か始まる」と察知した子どもたちが集まってきます。

　さっそく実験です。

　①平らなアクリル板に太陽の光が当たるように設置しましたが、虹はできませんでした。(24)

　②ギザギザの「小さな屋根」に太陽の光が当たるように設置。しかし、これでも虹ができないことが確かめられました。(25)

　ここまでは、私の予想通りです。そして、

　③「小さな屋根」のくぼみに水を注ぎ込んでいきます。

　私の予想は、「あの虹」同様の鮮やかな虹が現れる、です。

　子どもたちは、結果がどうなるのか、注目して見守っています。すると、下の地面の上に用意した黒いプラダンの上に、虹(正確には、虹のようにカラフルではない)が映りました。子どもたちは、「虹が見えた！」と声をあげ、「どういうしくみでこうなっているのか？」ということに関心を向けたようで、「小さな屋根」と中の水の様子や映し

平らなアクリル板

ギザギザの「小さな屋根」

出されたものとにグッと注意を向けて、見つめたり、見比べたりしながら、じっと観察しています。(㉖〜㉙)

そのうちに、水の中に手を入れた子がいました。すると、水が揺れ、映った「虹」も揺れます。その現象に目をやると、すぐにみんなが手を入れて水の感触を確かめるような動きが始まります。(㉚)

私はしばらく子どもたちの様子を見守っていましたが、実は、この結果に不満を感じつつ困惑していました。単純に、あの「虹」のような鮮やかな虹が現れると思い込んでいたからです。

しかし、子どもたちは「虹を作り出せた」という手応えがあったようでした。また、何よりこうした「実験」自体がおもしろかったようです。

ココがポイント

実験後、私は自問自答しました。予想通りにならなかったこともショックでしたが、何がしたかったのか、自分でわからなくなってしまったのです。

そこで苦悶しつつ、整理していきました。

私が探求したいこと、子どもたちと共有したいことは「虹一般」に関することではないということ。大人としての自分が知っている知識や実験を、まだ知らない子どもたちに「教えて」いくことではないということ。

私と子どもたちが、日常生活をおくる「この場」に偶然現れた、鮮烈な輝きを放つ「この虹」が目の前にあるからこそ、心が躍り、探求心をかきたてられたのです。

具体的な「この虹」を外れてしまってはならないのです。

「小さな屋根」に水を入れると…「虹が見えた!」

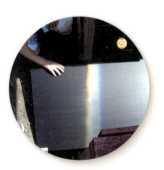
ブラダンに映った虹。
色は薄い

目の前に水があると、つい手を入れたくなります

手をかざして「しくみ」を調べています

ここから虹が見える!

「また、実験やりたい」

では、具体的にどうすればいいのでしょうか。

実は、この日（9月10日（月））は、「運動会」に向かって、クラスのみんなで取り組んでいく予定でした。

私は、自分から子どもたちにアプローチすることをやめました。しかし、子どもたちからはいろいろなアイディアが出されていたので、セロファンやアクリル板などの材料を用意して、子どもたちの動きを見守ることにしました。

すると、子どもたちは「虹をつくる実験」と言って、セロファンで何やら作り始めたり、「また、このあいだみたいな実験がやりたい」と、「小さな屋根」を持ち出していったり、それぞれに動き出していました。(㉛〜㉟)

汐見先生のコメント

ひとつわかると、もっと深く知りたくなる……こんな子どもの素晴らしい感性がそのまま出ていますね。そのためにあれこれ模索する。その姿勢こそ文化をつくり出したものなのですね。すごいですね、子どもは。

2 虹との対話

5色の光が映りました

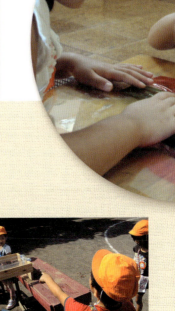

ココに太陽を当てれば虹ができるんじゃない？

「小さな屋根」は子どもたちのものになっていきます

あの虹は、どう成り立っていたのか？

9月11日（火）、光と影について学んだことを生かし、さっそく「小さな屋根」をセットしての実験となりました。（㊱・㊲）

ただ、子どもたちは、運動会への取り組みに気持ちが向かい始めているところなので、あまり刺激しないよう、ひっそりと実験を開始します。（㊳）

運動会は1か月近くかけて取り組む活動で、子どもたちの意見を尊重し、競技も子どもたちの話し合いによって決められていきます。もちろん、園にとって大切な行事のひとつです。

一方の実験は「これは保育ではなく、趣味の追求をしているだけなのではないか？」という思いもよぎりますが止められません。『きっと保育としてのプラスの影響があるはずだ』と自分に言い聞かせます。

「小さな屋根」に水を入れて、虹の映る場所が陰になるように自分の頭部の位置を調整します。すると虹が見えてきましたが、残念ながら青と黄色のみでした。（㊳）

しかし気落ちしている場合ではありません。

次いで「小さな屋根」を傾けてみます。「屋根はもともと雨水が流れ落ちるように傾斜がついている。それが関係しているかもしれない」と考えたからです。「小さな屋根」の片方を徐々に持ち上げていき、本来の屋根と同じ方向に傾斜をつけていきます。すると、青と黄色だけだった虹に、赤や緑も混ざり「あの虹」と同じように鮮やかな色を見せたのです。

『これだ、ついにやった！』と興奮する私。何度も角度を調節し、それによって自在に

ココがポイント

私はずっと、どうして「小さな屋根」で、鮮やかな虹ができなかったのだろうか、と考えていました。こんなときは「観察」するにかぎります。

虹が出てくるとジッと観察しました。すると虹の映っている部分は影になっていることに気づいたのです。

その場所に日が当たっていると、そこに虹があることに気づかないほど薄いもので、「日が当たらないと、虹は映らない」という固定概念を持っていましたが、どうやら、そう簡単なことではなかったようです。

もっとよく見てみると、そこに映る影は二重になっています。（㊱・㊲）

私が思っていたような単純なしくみで虹が成り立っていたわけではなかったのです。

私の頭部の影を置くことで虹が見えます

上のほうに頭の影があります。その左には立てた指の影。ところが、下の虹部分にも指の影を発見

場所を変えて
ひっそり実験

影を調整すると黄色と青の光が…

虹の色を操ることができる事実を繰り返し確認しました。(㊵・㊶)

　近くにいた、年長のH組やK組の子どもたちが「何やってんの〜?」と、のんきに声をかけてきます。

「虹の実験。ほら、ここをよく見て」と私。「小さい屋根」に傾斜をつけていき、虹を浮かび上がらせます。

「うわ〜っ! 虹だ!」「泳いでるみたい!」と声をあげる子どもたち。「ほら、こうすると消える。こうすると、また虹が出てくる」と得意げに繰り返す私。

　しかし、ここで年長の3クラス対抗リレーをやることとなり、しぶしぶ中断します。『リレーの後でクラスの子どもたちにこの実験結果を見せることにしよう』『いや、明日まで待つか?』『そうはいっても、時期が進めば太陽の角度も変わる。いつまでも虹ができると思うな』……と考えがめぐっていましたが、リレーが終わると、その結果についての話し合いがあり、虹どころではなくなってしまいました。

つまり「小さな屋根」の実験でも、次の点に注意する必要があるということです。

「虹はできていたとしても、それが映る場所に日が当たっていては、虹ははっきりと姿を現さない」。そこで、「虹の元になる水のある部分には日が当たるようにし、虹が映りこむ場所は陰になるようにする」ということです。「目からウロコ」とは、このことでした。

2 虹との対話

実験・発見が広がる

　9月12日(水)の朝、Kくんは私を待ち構えていたようで、手に持っていたものを差し出し「家のベランダでコップに水を入れて持ち上げたら虹ができた」と、その様子を撮った写真プリントを見せてくれました。見せたくてたまらなかったようです。(㊷)

　前日の「クラスだより」で虹をめぐる実験をしていることに触れておいたのですが、お母さんもそれを読んで実験の協力者になってくれたのでしょう。

　すると、周りにいた子たちも「家でやった」「家で虹、見つけた」などと口々に言っていました。それぞれ、降園後も関心を持続していたのです。改めて保育実践は園内だ

傾けると色が見える

細いけど、現れた虹

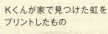

Kくんが家で見つけた虹をプリントしたもの

けで完結しているわけではないことに気づかされます。

その後、私が、また昨日のように実験セットで虹をつくっていると、Sくん、Kくん、Fくん(H組)の3人が遊びながら通りかかり、注目してきました。

Sくんが「ここにもあったよ」と、私が注目している虹と違う場所にも見えることを指摘します。

私が、虹ができる場所が影になっているかどうかで、薄くなったり鮮やかになったりする様子を確かめていると、Sくんは「陰にならないと映らないんだね」と納得しています。

その後、3人はほかの場所へ向かいますが、その先でも、Sくんが2人に「虹って、小さいときはさ、つくれないって思ってたけどさ、つくれるんだね」と興奮しながら語りかけていました。Aくんは「あの虹」を見つけ、慌てたように「鏡を持っていかなくちゃ！」と用意していました。そこには、Yくん、Iくん、Tくんも参加します。Aくんは通りかかった3歳児のZくんに「そこ！」と壁に映っている虹を知らせ、Zくんが一生懸命それに触ろうとする姿を見て、とても喜んでいます。

一緒に同じ動きを楽しんだり、Zくんの様子を見たりしていることが、たまらなく楽しそうでした。前回の自分の姿をそこに見たためでしょうか。しばらく繰り返していました。㊸

「探求」を進めるのだけが価値のあることではなく、出会ったおもしろさを存分に味わうこともまた、価値があることなのでしょう。

「虹さん、虹さん、どうもありがとうございました」

9月14日(金)は前日に続いて晴れているのに、あの虹が見られません。

弁当の準備に取りかかった12時頃、私はあの虹の見られた場所に行ってみましたが虹は見えません。

屋根を見上げると、すっかり雨水が減っています。

私は『だから、虹が見えないんだ。昨日は誰も虹について話題にしていなかったのは、誰も虹を見なかったからだったのか』と考えていました。

すると、私の背後から「虹は？」と声がします。

振り返ると、Oちゃんが虹の見られた場所を見つめていました。

私が「虹はもう、出なくなったみたいだね」と返すと、「虹さん、虹さん、どうもありがとうございました」とOちゃんは、その場所を見つめてつぶやいていました。「自分

汐見先生のコメント

園での体験がおもしろいと家でもやり出す。家でも子どもたちが探求をするようになる。こうして園と家庭が一体となって育てていくことになるのですね。これも子育て支援といえるのではないでしょうか。

たちの前に現れて、たくさんの不思議をありがとう」ということでしょうか。

　私には、その言葉からいろいろな意味が感じ取れました。そして、しばらくのあいだ、ただその言葉の響きを味わっていました。とても心地よい響きでした。

　ここまでが、虹をめぐる2週間の物語です。

その後も続く「虹」との対話

　虹をめぐる子どもたちの取り組みの第2章は、この数日後に始まります。結果的に4か月続くことになりました。

　私はその後、より鮮やかな「スーパーな虹」など、さらに思いもかけない現象に出会っていきます。(㊹～㊼)

　そのたびに、自分の浅はかな考えでは理解しきれない自然の現象に敬意を抱くしかないと思うようになっていきました。そして、子どもたちには虹を探究する手助けになるようなモノを提供するというスタンスになっていたのです。(㊽)

　10月の半ばに、「家で見つけた虹」の写真が持ち込まれるようになると、それを

ココがポイント

　日光が当たると色の変わる石や自転車用の反射板など、子どもたちが「試してみよう」と思いそうなものを、"100円ショップ"などで見つけると購入し、「にじけんきゅう」の容器に入れていきました。園の後輩が見つけてきてくれたものもあります。

㊸ 鏡で反射させた虹をつかまえる遊び

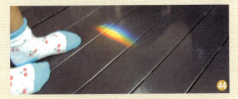
㊹ より鮮やかな「スーパーな虹」

平行な虹  ㊺

三角の虹  ㊻

爆発した虹  ㊼

「にじけんきゅう(虹研究)」グッズ ㊽

きっかけに再度「どうして虹はできるのか？」という議論が巻き起こりました。(49)
　一方で子どもたちは「虹研究所」をつくったり、モノとモノを組み合わせたりして実験を繰り返していきました。(50〜55)
　11月の終わり頃、いい具合に雨が溜まる原因のひとつになっていた雨どいの詰まりが、掃除されたことによって、雨水の流れがよくなり「あの虹」と出会えなくなってしまいました。しかしその後も、太陽の光とモノによる遊びは続きました。(56)
　12月になるとRくんは「ぼく、虹つくれるよ」と告げてきました。太陽の光と自分の選んだモノとで意図的に虹をつくりだせるようになっていたのです。(57・58)
　虹をつくることができるのはRくんだけではありません。ほかの子どもたちもそれぞれ、いろいろなモノを組み合わせて、さまざまな光の色と反射を楽しんでいきました。虹研究所を楽しんでいたAちゃんの「虹ってさ、ガラスでよくできる」という言葉が探究の結果をよく表していました。(59)

> **汐見先生のコメント**
> 結果としてみると、虹探索は〈知〉をテーマにした遊びだったのですね。遊びがいかに大切か、よくわかる実践ですね。

改めてクラスの全員で虹を観察

「虹パソコン」を制作

「虹研究所」を設立

Tちゃんの考察

カラーセロファンと水で実験

まとめ

　この活動は、「保育者ーあの虹ー子どもたち」という3項関係で展開していましたが、その後、次第に「子どもたちー虹ーモノ」という3項関係に変わっていきました。その過程で「探究」を続けるには手がかりになるモノが重要だということを痛感しました。いかに「環境を整えるか」ということです。しかし起点はあの鮮やかな虹との出会いです。Tくんが言っていたように「世界は美しい」と感じたこと、「世界には、自分たちがまだ知らない不思議なこと、美しいものがたくさんあるんだ」ということを感じていたことが、根底にあることを見逃せないように思います。

　ちなみに、その後も虹が現れることはありましたが、同じように展開することは一度もありませんでした。

汐見先生のコメント

この長い探索過程で、子どもたちの心に何が身についたか。これを考えることが保育の大切な課題でしょう。そう考えると、虹の科学的な説明・理解などは、そのひとつにすぎないことがよくわかります。大切なのは資質・能力の、特に学びに向かう人間性の育ちなのだと思います。

2つめの「虹研究所」

雨水がたまらなくなって虹が現れなくなった

虹ってさ、ガラスでよくできる

太陽の光が射し込む場所でモノを組み合わせる

鏡で太陽の光をモノに反射させて虹をつくる

発見！その3
木と紅葉の研究

　私たちの幼稚園は木造建築です。また、園庭には多くの木々が植えられています。伝統的に、年長組は秋になるとクラスの子どもたちの関心に基づいてテーマを決め、木工活動に取り組みます。木工活動は、あんず幼稚園の保育計画の核となる「まちのあそび」という活動の中に位置づけられています。仲間と目標を共有して、手応えのある「もの」をつくりあげる。つくった「もの」を使って大がかりな「ごっこ遊び」を展開する。その過程で起きてくる問題を自分たちで解決しながら進めていく……そういったことの難しさとおもしろさを実感してほしいというねらいがあります。そうした保育者側の願いの一方で、子どもたちは新しい道具や素材と出会います。子どもたちはどんなことに出会い、何を発見したのでしょうか。

材木の色が違う!?

2013年11月初旬。年長K組では、木工活動に取り組んでいる真っ最中でした。子どもたちが「つくりたいもの」「それを使って遊びたいこと」を出し合い、3つのチームに分かれて、それぞれ「車」「交番」「射的屋」をつくっています。(写真❶・❷・❸)

その木工活動の中で、子どもたちは「のこぎり」や「とんかち」「くぎ」といった道具との対話をしながら、いろいろな発見をしていました。

そして「素材」である「材木」についても、日々発見が積み重ねられていました。

ある日のことです。3本の角材(柱にする木材)を並べて、長さを測り、印をつけようとしている場面で、1人の子どもが3本の角材を見比べて、「色が違う」とつぶやきました。(❹)

もう1人が「日焼けしたんじゃない?」と応えると、「人間だって日焼けするし」という声が続きます。

「♪日焼けだ、日焼けだ♪」

そのチームの7人がリズミカルに声をそろえます。

私はそのやりとりを聞きながら思います。『これは製材されたばかりで、日焼けなんてしていないだろう?』と。そこで「人間は、日焼けしていなくても、もともと色が違う人もいるよね」と、水を向けました。

すると、すぐにZくんが「種類が違うんじゃない? 木の」と涼しい顔で言います。

ほかの子どもたちは、それ以上、何も言わず、納得している様子でした。というよ

汐見先生のコメント

子どもたちのちょっとした発見、気づき……これは、保育の中にあふれています。それを保育者は「アレッ、そうだな。よく気がついたな」とか、「そうか、そんなことに興味を持ったのか」と思ったとたんに、「これで保育ができないか」と考える……保育って、そう考えれば楽しい営みですね。

先生のきもち

私は『種類は違わないよ。これ、全部"杉"なんだよ』と言いたかったのですが、『そう言ったところで、その先に何があるのか?』と、子どもたちにとって何か発見につながることが言えるわけでもないので、グッとこらえて言わずにいました。

❶ チームでつくった車
❷ 近所にモデルのある交番
❸ 楽しそうな射的屋
❹ 材木を3本並べると、「色が違う!」と子どもが発見

りも、それほどこだわっていないのでしょう。もっと言えば「どうでもいい」のかもしれません。

この日、子どもたちの降園後、材木屋さんが追加の材木を運びに来てくれました。これはチャンスです。

私は「今日、子どもたちが言っていたんですけど……」と"日焼け"の話を伝え、「どうして同じ"杉"なのに、色が違うのか？」ということを尋ねてみました。

すると、それまでやや事務的に仕事を進めていた材木屋さんの表情が変わりました。『ほう、そういうことに興味がおありですか？』とでも言いたげな、嬉しそうな表情です。

そして「同じ杉でも、太い木と細い木とでは色が違う」「太い木では、中心（赤っぽい）と外側（白っぽい）とで違ってくる」ということを教えてくれました。

私たち（ほかの年長組の担任たちも居合わせていました）が、「なるほど！」と感心しながら聞いていると、材木屋さんはさらに口がなめらかになりました。

「赤いほうが硬く、白いほうが柔らかい」「木も1本1本、生えている場所が違う。日当たりも違う。そうしたことで色も変わってくる」と語り、「よく、中学生とかが、職場体験で来たときに話すことなんですけど、人間が一人ひとり違うように、木も1本1本違う。それぞれに個性があるんですよ」と話を締めくくりました。

私は予想以上の収穫にとても満足していました。

ありがとう、材木屋さん。

Kくんの発見！

翌日、私は材木屋さんから聞いた話を、子どもたちに伝えたくてたまりません。そして、どのタイミングで伝えようかと思いをめぐらせていました。

チームごとの木工活動中に、昨日のチームの子どもたちとは別のチームの何人かに『子どもは、どう捉えているのか？』とリサーチするため、材木を指して「なんで色が違うと思う？」と、質問してみました。

『やはり、みんなが集まっている時がいいだろう』と考えていたくせに、つい先走ってしまいます。

「種類が違うんじゃん」などという答えが返ってくると、『こりゃ、材木屋さんの話を伝えたら驚くだろうな』とウキウキしながら「ほ～。なるほど」などと答えていました。

子どもたちは、私の反応を見て『また、何か変なことをたくらんでいるな』というよ

汐見先生のコメント

子どもたちの興味・関心を広げるには、本物の文化と出会うことが大切です。大工さん、魚屋さん、そばやさん……みんな本物の文化の持ち主です。
そうした人と直接・間接に出会うことが保育を広げます。その好例ですね。

うな、怪しむ視線を向けてきます。しかし私は『ここで先に進んではいけない』と、こらえました。

　さて、昼近くになって、クラスのみんなで集まりました。私は事前に用意した「赤っぽい板」と「白っぽい板」の2枚を子どもたちの前に示しつつ、「日焼け」のエピソードをみんなに伝えました。そして、改めて「どうして色が違うと思う?」と投げかけました。(❺)
「さっき、聞かれたよ」というつぶやきもあったり、「種類が違うから」というキッパリとした声があがったりしています。
　みんなの関心が「たしかに、なんで色が違うんだろう?」ということに向いたところで、「昨日、みんなが帰った後に、材木屋さんが来てさ、『どうして色が違うんですか?』って聞いてみたら……」と、材木屋さんの話を伝えていきますが、子どもたちは「へ〜っ、そうなんだ」と驚きを示すわけではなく、微妙なリアクション。
　ところがその時、Kくんが「ちょっと、先生。その白っぽいの、裏、見せて!　裏は赤いよ!　今、見えたもん」という声をあげたのです。
　私は予想外の言葉に「何?」と慌てて(話をややこしくするんじゃないだろうな? という警戒心がありました)「白っぽい板」を裏返してみました。すると、たしかに赤い。(❻)
　実は、裏までは確かめていませんでしたが、そこで私はハッとひらめきました。『切り口はどうなっているんだろう?』と。
　切り口を子どもたちとともに確かめてみると、なんと、赤から白へと色のグラデーションがわかりやすく示されていました。(❼)

> **汐見先生のコメント**
> これは子どものちょっとした発見に助けられた例ですね。保育者が本物の文化の持ち主の話を伝えるだけでは、やはり子どもの感動はさして大きくならないことが多いものです。そこをどう工夫するかが保育の課題ですね。

3　木と紅葉の研究

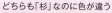
どちらも「杉」なのに色が違う

❺

❻ 白い板を裏返すと赤かった。Kくんの発見

切り口を見るとキレイなグラデーションになっていました
❼

そこで、Kくんが「わかった！ こっち(赤いほう)が内側で、こっち(白いほう)が外側だ！」と、ボリュームの上がった声で叫びます。

ほかの子どもたちも、「ほんとだ！」「わかった！」と、口々に叫びます。今、目の前に見えているものと、さきほど耳で聞いた材木屋さんの話とが、この瞬間につながったのです。

『あっ、子どもたち、今、本当に"わかった"んだな』という、手応えが感じられました。

「木の研究がしたい」

それから数日たったある日のこと。私はインターネットで見つけた「丸太を輪切りにした画像(そこからどう材木にするのかという解説つき)」を、保育室の壁に掲示しておきました。

すると、さっそく登園してきたTくんが、それに目を留めています。

Tくんは立ち尽くしたまま、それをジッと見つめながらポツリと言いました。

「木の研究がしたい」

それを聞いていたSくんが言います。

「じゃあ、こっち来て」

手招きをしながら部屋の外へ。Tくんがついていきます。

『何が起こるのだろう？』と、ワクワクしながら、腰に携帯していたカメラを手にしながら私も2人の後を追います。

そして、Sくんはケヤキの木のところに行くと、幹に触れ、皮をはぎました。(❽)

「ほら、皮がとれる。これを研究すればいいんじゃない？」と言うSくん。

Tくんはそれを聞くと、走り出しました。別のケヤキの木へ向かったのです。その後を追いかけていったSくんは、「こっちのケヤキは皮が薄い。だって、むけてない」と幹を指して言います。(❾)

私は2人の動きを見ながら驚いていました。

Sくんはきっと、以前からケヤキの皮について関心を持っていたのでしょう。「なぜ、同じケヤキなのに、皮がむけるものと、そうでないものがあるのか？」と。

だから、Tくんの「木の研究がしたい」というつぶやきを聞いた時、「同じことに関心を向ける同志に出会った」と感じたに違いありません。Sくんは、Tくんに自分の関心事について「共有して」ほしかったのではないでしょうか。

ココがポイント

子どもたちの様子から、「わかる」とは教えられたことを「覚える」ということではなく、それが自分の持っている知識と結びついたときに感じる「感覚」であることがわかります。

先生のきもち

6歳くらいになると、疑問に思っていることがあっても、それを受け止めてくれる相手にしか話しません。ですから、こうした対話の場に立ち会えたとき、私はたまらない喜びを感じます。

私のこうした感覚は、みなさんにもおわかりいただけるのではないでしょうか？

「木の研究の紙」：その発見の価値

　子どもたちが降園の支度をしている時、床に何やらしわくちゃな紙が落ちているのを発見しました。

　『なんだ、コレ？』と拾い上げて、見てみると、「きの　けんきゅうの　かみ（木の研究の紙）」という題名が書かれていました。

　その下に「・」が10個以上、並んでいます。どうやら発見したことを書き込んでいくつもりのようです。この時点で、発見したことが2点記されていました。

　「きのかわ　お（を）　めくる」と「きに　あなが　ある」

　という記述です。もちろん、それはTくんのものでした。

　「きのかわ　お（を）　めくる」とは、きっとSくんと確かめた「ケヤキの木は皮がめくれる」という発見のことでしょう。「きに　あなが　ある」というのは、「ふしあな」のことでしょう。

　数日前の木工活動中に、材木に穴が開いているのを子どもたちが見つけて、「なんだ、これは？」と騒ぎになったことがありました。⑩

　私が「あぁ、これは"ふしあな"だよ。もともと、ここから枝が生えていたってことだよ」と解説すると、子どもたちは『消えた人形事件』（右「コラム」参照）を思い出し、今、自分たちが扱っている材木と、自分たちが生活している園舎のデッキとが「ふしあな」でつながったという大発見があったのです。⑪

　そうしたこともあってTくんの「きの　けんきゅうの　かみ」には「ケヤキの木の皮はめくれる」「材木にはふしあながある」という2点が記されていたのです。

コラム

「消えた人形事件」

　園舎の廊下でもあり、テラスでもある回廊デッキの床材はヒノキですが、ところどころに「ふしあな」があいています。

　6月に、年中H組のドールハウスの人形が失くなったということがあったのですが、ある「ふしあな」の中（床下）から見つかり、その人形たちを救出すべく大騒ぎをした「事件」がありました。クラスのみんなに共有されている記憶です。

　詳しくは第7章「不思議なふしあな」をごらんください。

大きなケヤキの木の皮をはがすSくん

枝が広がらないように改良されたケヤキと比較するTくん

木工活動中、材木に「ふしあな」を発見

デッキの「ふしあな」とつながった

それからまた数日して、Tくんの「木の研究の紙」がテーブルの上に置いてありました。見てみると、発見が４つに増えていました。（⑫）
　私はそれを見ながら、『Tくん、どんなことを発見したのだろう？』とワクワクしました。自分には思いもよらない、子どもならではの鋭い視点からの大発見があるのかもしれません。
　ドキドキしながら目を通していきます。
　増えていた２点は「きの　はっぱの　いろが　かわる」と「きの　はっぱが　おちる」でした。

落葉と紅葉

　子どもたちの木工活動は順調に進み、目指すものは完成を見ました。そして、それを中心とした遊びも展開されていきました。

　11月も終わろうとする頃のことです。
　朝晩は冷え込み始めましたが、日中はまだまだ暖かく、庭の木々は紅葉し始めています。
　昼になると、子どもたちが「今日のお弁当は庭で食べたい」と言いました。
　たしかに、葉っぱがキレイな赤やオレンジに色づいたモミジの木々を眺めながらの食事は優雅な気分になれることでしょう。私も二つ返事で賛成し、日当たりの良い場所にシートを敷いて、クラスのみんなで弁当を食べることにしました。

　弁当を食べている時、私の隣にいたTくんが、オレンジ色に紅葉したモミジを眺めながら指をさし、「あのモミジ、キレイだよね……写真、撮って」とリクエストしてきました。（⑬）
　私がそのリクエストに応えてカメラを構えていると、Tくんの指し示しているモミジに目を向けたSちゃんがつぶやきました。
「葉っぱって、色が違うよね？　なんで、色が違うんだろう？」
　隣にいたMちゃんが、その発言を受けて言います。
「これはまだオレンジだけど、これから赤くなるんじゃない？　だから色が違うんじゃない？」
　どうやらMちゃんは、その奥に見える、葉っぱが赤く色づいているモミジの木と見

先生のきもち

『なんだ？　こんなの当たり前……』
　正直に言って拍子抜けでした。
　しかし、先走りすぎて子どもとズレていた自分を反省し、『それは、そうだよね。そんな大発見なんて……。急に大発見なんてするわけないよね』と、気持ちを立て直すことにしました。
　この時の私は、まだここに記された「発見の価値」がわかっていませんでした。目が曇っていたのです。

比べているようです。つまり「手前にあるモミジの葉っぱと奥にあるモミジの葉っぱは、どうして色が違うのか?」という問いとして捉えているのでしょう。⑭

　それに対して、はじめにつぶやいたSちゃんの「色が違う」は、「同じ木の葉っぱでも、1枚1枚違う」という意味なのか、Mちゃんと同じように別の木の葉っぱと比べていたのか、定かではありません。

　しかし、私には、その一言一言が、とても意味深い言葉として聞こえてきました。直感に過ぎなかったのですが、『これは大切なことに違いない』と、箸をボールペンに持ち替えて、忘れてしまう前に大急ぎでメモ帳に書き込んでおきました。ポイントは「なんで〜なんだろう?」「○○だから、△△じゃない?」という言葉でした。

　さて、ここで話題を変えます。「Sくんとモミジ」についての説明が必要だからです。
　Tくんに「ケヤキの研究」をすすめたSくんは、「家の近くにモミジの木があるから」と、ある時、「モミジの葉っぱって、ギザギザがあるじゃん? あれって、7個とか9個とか、数が違うんだよ」と私に言ってきたことがありました。
　幼稚園の電車の庭には5本のモミジの木がありますが、木によって葉っぱが違い、色づき方はもちろん、葉のギザギザの数も違います。
　9つの葉をつけるものが1本。7つが2本。5つが2本。
　実は、私がそれを発見したのは昨年のことでした。ここに勤務して20年以上。木が植えられたのは何年前だったのか定かではありません。それまでどこに目をつけていたのかと言われても仕方ありませんが、それを発見したときは驚きと喜びが胸にあふれました。

ココがポイント

　園の「電車の庭」(丸ノ内線の古い車両が置いてあるため、こう命名されています)には、さまざまな木々が植えられています。とりわけ美しいのが、紅葉が見ごろを迎えている5本のモミジ。

　一番近くにあるモミジは、葉がオレンジに色づいています。その奥に見えるモミジは、真っ赤に色づいています。

　日射しを浴びると、光を通した部分と影になった部分とのコントラストが際立ち、なんとも言えない美しさです。

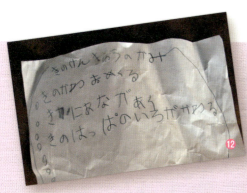

Tくんの「きの　けんきゅうの　かみ」。発見したことが書き加えられていきます

オレンジに色づいたモミジの葉っぱ

手前はオレンジ、その奥には真っ赤に色づいたモミジがあります

つまり私はSくんの知らせてきたことをとっくに(といっても1年前ですが)知っていたのです。しかも、それは直接自分で発見したことです。

ということで『ほう、君もそのことに気づいたのかね?』と、心のゆとりを持ってSくんの話に耳を傾けることができました。もちろん、同時に『もう、そのことに気づいたの?』という驚きもありました。

Sくんは、図に描いて一生懸命説明してくれました。(⑮)

「どうだ」とばかりに胸を張って…

数日後、Sくんは実際に庭で拾ってきた2枚の葉っぱを持ってきて並べ、「ほら、この前、ギザギザの数が違うって言ったじゃん?」と、得意げに見せてきました。「1、2、3……こっちは7個」「1、2、3、4、5……こっちは9個。ねっ?」と、私に確認させるように数えていき、最後には『どうだ』とばかりに胸を張って勝ち誇ったような姿を見せました。(⑯・⑰)

長くなってしまいましたが、ここで話が戻ります。

Sくんとの、そんなやりとりがあったので、私は前日、種類の違う、いくつかのモミジの葉っぱを拾ってきて、保育室に置いておきました。

ところが、降園時にふと見ると、そのモミジの葉っぱが乾燥してシワシワになっていたのです。(⑱)

私の中に、弁当の時の「なんで~だろう?」「○○だから、△△じゃない?」のやりとりの余韻が残っていました。

先生のきもち

落葉と紅葉。子どもたちはその自然現象に、たった今、出会ったのです。そう解釈してみると、Tくんにとって「はっぱがおちる」こと、「はっぱのいろがかわる」ことは、充分「木の研究の紙」に記す価値のある驚くべき大発見だったのかもしれません。

『きっとそうだ! そういうことだったんだ!』私は静かに興奮し、震えていました。

そして、(時間がかかりましたが)そのことに気づいた自分に、「やるじゃないか!」と言ってやりたい気分でした。「こんなの当たり前」と思っていた自分自身のことなど、記憶のかなたへ押しやっていました(笑)。

さらに、クラスの子どもたちに対して、「なんで葉っぱが落ちるのか?」「なんで葉っぱの色が変

⑮ モミジの葉っぱって、ギザギザがあるじゃん?

モミジは木によって葉っぱのギザギザの数が違う

発見を力説するSくん

それは「子どもって、こうしたことに対しても関心を持って『なんで？』という問いを持ち、『だから』という仮説を持っている」という、子どもへの驚きであり、子どもの再発見でした。

私は降園の支度を終えて集まっているクラスのみんなに対して「どうして、シワシワになっちゃうんだろうね？」という問いを投げかけてみました。

すると、Sくんが「空気みたいな栄養が抜けていって、パサパサになる」「冬だから、栄養が固まっちゃうんじゃない？」と、すぐに言葉を返してきました。

それを聞いてYくんが、「だから、（葉っぱは）冬前に落ちるのか」とつぶやきました。

子どもたちが降園した後、私はパソコンに向かって、その日に撮った写真を整理しつつ、その日の保育を振り返っていました。

その時です。突然、その日の一連のエピソードと、以前Tくんが「きの　けんきゅうの　かみ」に記されていた2つの発見がつながったのです。

「はっぱが　おちる」「はっぱの　いろが　かわる」という文字を初めて見たとき、「こんなの当たり前」と感じていました。それがどうでしょう。まったく違った意味を持って感じられてきたのです。

子どもたちは、まだ生まれて5年か6年です。私にとっては「葉っぱが落ちる」ことも「葉っぱの色が変わる」ことも、当たり前のことです。しかし、ひょっとすると、その年齢の子どもたちにとっては、今年初めて「出会った」事実なのかもしれません。何しろ私が「モミジの葉っぱのギザギザの数に違いがある」ということに出会ったのは、生まれてから40年以上も経過してからのことです。

わるのか？」という問いを投げかけてみたくてたまらなくなっていたのです。

きっとまた、一人ひとりが自分なりの仮説を持って発言してくれるに違いない。思いもよらない考えが聞けるに違いない。

そう考えると、またまた心が弾みました。

『早く子どもたちに聞いてみたい！』という思いが胸にあふれました。

3 木と紅葉の研究

⑰ Sくんの示した葉っぱ。ギザギザの数が9個と7個

⑱ 4時間放置した結果、シワシワになった葉っぱ

子どもたちの理論は核心をついている

汐見先生のコメント
子どもの考え・思いなどを「共有する」ことが保育では大切です。そのために、まず、書くことで「見える化」することが肝要です。大切な時に「見える化＝共有化」という方法を使いたいものです。

　翌日、朝からワクワクしていた私は、先輩保育者に前日のことを興奮しながら話していました。すると、その先輩はパソコンのある部屋へと向かいました。どうやら先輩も同じ問いを共有してしまったため、みずからの知的好奇心を満たしたかったのかもしれません。

　そして「ウィキペディアで調べてきた」と、1枚のプリントを持って戻ってきました。「葉が何のために色づくかについては、その理由は諸説あり、いまだ明らかになっていない」という一文を示し、興奮気味に「『いまだに明らかになっていない』って。驚いたな～!」と言い、私の手元にプリントを残していきました。

　私は半信半疑でしたが、それが科学的に解明されているかどうかは、二の次です。今はそれより、「子どもたちが、そのことをどう考えているのか?」を知りたいのです。

　さて、昼前。ちょうど30分ほどの時間がとれました。私は子どもたちに円形に集まるよう指示して、真ん中に模造紙を置きました。もちろん右手には太目のペンを持ちます。態勢が整ったところで、これまでのことを説明し、「自分はこう思うっていう考えのある人、教えて」と促しました。

　さっそく「はい!」と、考えを述べようとする子どもが数人、手をあげます。私は1人ずつ指名していき、指名された子どもが考えを述べます。それを私がすぐに模造紙に書き込んでいきます。意見を出さない子もいますが、他者の意見を聞き、それが書き込まれていく様子を目にしています。このやりとりの場に立ち会っているのです。

　子どもの述べた意見は次のようなものでした。
　①「なぜ、葉っぱの色が変わるの?」
・Zくん「秋になったら、赤になるけど、秋が終わると色が戻って、もう1回秋になると落ちる」
・Sちゃん「寒くなってくることによって、色が変わる」
・Yくん「季節で色が変わる」
・Sくん「モミジにどんどん栄養がなくなっていくから、色が変わる。種は何でクルクルまわるかっていうと、まっすぐ落ちると、種にひびが入っちゃうから」
・Yくん「たねはどんどん水分がなくなっていくから、葉っぱの色が変わる」
・Mくん「周りについているモミジに水分を分けてもらって、色が変わると思う」

- Aちゃん「木の葉っぱが変わる」
- Kくん「秋になると、虫はさなぎになるから、葉っぱもさなぎ色になるんじゃないか？」

②「なぜ葉っぱが落ちるの？」
- Kくん「冬になると、しわができてくるから、葉っぱの空気が減ってきて、重くなるから落ちる」
- Aちゃん「葉っぱは色が変わるから落ちる」
- Sちゃん「だんだん、風とかが強くなってくるから、風と一緒に落ちるんじゃない？」
- Yくん「葉っぱは重くて落ちる。色が変わると落ちるんじゃない？」
- Zくん「秋になると、葉っぱが耐えられる力がなくなってきて、水分がなくなると落ちるんじゃない？」
- Kくん「冬になると、葉っぱの空気が出ちゃって、重い空気が入ってきて、落ちちゃう」
- Sくん「木に葉っぱが要らないぶんだけ落ちる。多すぎると……、逆に種が落ちちゃう」
- Mくん「風の重さによって、葉っぱが落ちちゃう」

　保育後、私は満足感を抱きつつ、先輩の言った「いまだに明らかになっていない」が、引っかかっていました。

　そこで、いろいろな辞典で調べてみると、落葉についても、紅葉についても、ハッキリと説明されていたのです。

「なんだ、ハッキリわかってるんじゃないか！」と読み進めていくと、なんということでしょう。

「子どもたちの言っていることって、しっかり本質を捉えているじゃん！」

　私は背筋にゾクゾクするものを感じました。落葉とは、『デジタル大辞泉』によれば「日照時間の短縮や葉自体の老化により、葉柄の離層で切れて茎から離れる」ことだそうです。

　ほかの見解も参照すれば、「葉からは水分が蒸発していくのですが、日照時間が長い期間は葉の光合成によってエネルギーがプラスとなります。しかし、日照時間が短くなると水分の蒸発というマイナスのほうが大きくなってしまいます。そのため、葉の付け根部分に離層が形成され、栄養の流れを遮断します。結果、葉は風などのわずかな力でも、やがて離れ落ちてしまう」という説明になります。

　一人ひとりの言葉を文字どおりに受け取れば、とんちんかんなことを言っていると

3 木と紅葉の研究

先生のきもち

　私は、一人ひとりの発言を聞きながら、『やはりその子なりに「○○だから、△△じゃないか？」という仮説を持っているんだ』ということを実感していました。そして、それと同時に喜びがこみあげてきていたのです。

　もちろん、それが科学的に正しい答えであるかどうかは、まったく問題ではありません。一人ひとりが、自分なりに「この世界がどうなっているのか？」ということの仮説を持っているのだという事実（だから、一人ひとりの言葉が違っています。まさにマラグッツィの言うところの"100の言葉"です）が崇高なことであるように思えたのです。

　そして、それを今ここに明らかにすることができているということに、大きな喜びを感じていました。

「子どもってすごい！」

　その後、しばらくその言葉が何度も私の中で渦巻いていました。

思いそうな意見も、その元になっている感覚が、実は本質に迫っていると感じられます。こうなると「子どもは尊敬すべき人間」以外の何者でもありません。恐れ入ってしまいました。

それから数週間。どのクラスにも置いてあるフレーベル館の「しぜん」シリーズ(月イチ配本)の「おちば」を何気なく子どもたちと見ていくと、最後に図解つきでわかりやすく「落葉」と「紅葉」について説明されているものが見つかりました。

落葉の色とニオイ

この後、落ち葉の色、カタチに注目し「自分の選ぶ"最高の落ち葉"探し」や「落ち葉デザイン」などを促していきました。(⑲〜㉕)

さて、はじめに「きの けんきゅうの かみ」に書き記したTくんや子どもたちが「落葉・紅葉」に注目したのは、なぜでしょうか。当然と言えば当然ですが、そうした現象が起こっている真っ只中に、自分の身を置いているからにほかなりません。

そして、そこに「不思議」を感じ、「美しさ」を感じたからでしょう。

ということで「美しさ」に焦点を合わせた活動を投げかけてみたのです。

また、乾燥してカタチがくずれてしまった後の落ち葉からは、「色」を取り出そうと、フルイを使って葉っぱを粉にしていきました。

先生のきもち

私はその瞬間、愕然としました。「灯台下暗し」とはまさにこのことです。ずっと保育室に置いてあったこの本と出会っていなかったのです。ただ、愕然とした後に、冷静に思い返してみると、やはり子どもたちといろいろなやりとりをしてからこそ、この本のこのページに出会った意味があったようにも思いました。

多くの子どもたちに「キレイ」と評判の赤いモミジ。その美しさは光の当たり具合とセットでした

その前日、子どもたちとレッジョ・エミリアの『驚くべき子どもの学び展』のカタログ[※2]を見ていて、葉っぱをすりつぶして粉にして、色分けし、それを材料としている写真に出会っていたからです。

そこで、「これだ！」「やってみよう！」と、部屋にあるフルイを使って、真似をしてみたのです。すりつぶすための道具として、ペットボトルを使ってみました。しかし、うまくいきません。

すると、Sちゃん、Aちゃん、Sくんたちが、「じゃあ、ペットボトルのフタがいいんじゃない？」とアイディアを出してくれました。

試してみると、たしかにいい具合です。すぐに「やらせて」と子どもたち。(㉖〜㉙)

粉にしたものは、色分けして容器に入れるつもりです。すると、意外なことが起こりました。

葉っぱを粉にしていくと、急にニオイが立ち始めたのです。

子どもたちはすぐにそれに気づいて「くさい！」と声をあげ、騒然となります。一気に興奮度が高まり、ニオイをどう言語で表現するかということが始まります。そして、葉っぱごとにニオイが違うことを発見します。いろいろな葉っぱでその違いを感じることになります。

汐見先生のコメント

保育がうまく進まない時、子どもに手助けしてもらうことが、次へのステップとなることがよくあります。「困った時は子どもに聞け」……これも大きな原則です。

※2)『THE WONDER OF LEARNING The Hundred Languages of Children』日本語版は、佐藤学監修ワタリウム美術館編『驚くべき学びの世界　レッジョ・エミリアの幼児教育』ACCESS 2011年 pp.122－131

3 木と紅葉の研究

紙の上でデザインを楽しみます

完成！

イチョウの葉

乾燥した葉っぱを粉末にして色を取り出す

カリンの葉

アンズの葉

モミジ、イチョウ、梅、さくら、カリン、けやき……といろいろな葉っぱを集めて、試していきました。㉚

「これはうんこのニオイ」㉛

「色がヤギのうんこのカスみたい」

　と、評判の悪いもの。

「お茶みたいなニオイがするから、お茶になるんじゃない?」

「紅茶みたい」㉜

「レモンティみたい」と、好評なもの。

　また、同じ種類の木の葉っぱでも、乾燥の具合でニオイが変わることも発見しています。㉝・㉞

　梅の葉っぱは、梅そのものでした。

「梅のニオイ」

「美味しい味がした」

「梅ジュースが飲みたくなっちゃった」

「おかしの梅、食べたくなっちゃうな」

「ラベンダーみたいな感じがする」などなど。

汐見先生のコメント

すごいことですね。葉っぱにはニオイがある。それを子どもたちは発見したのです。これはアロマテラピーなどへ進む大きな発見です。ここから、やりようによっては大きな展開も期待されます。

鮮烈なニオイに興奮度が高まる子どもたち

紅茶みたい

うんこのニオイ

あとから考えてみると、この体験は「お茶」や「ハーブ」「スパイス」などと結びつきましたが、人類がそうした文化を生み出してきた契機となるものを追体験したとも言えるでしょう。(㉟・㊱)

粉になった葉っぱを、種類別(色別)に容器に分別していきましたが、それを見て、Kくんがつぶやきます。

「葉っぱで虹をつくってみたいな」

たしかに、「色」を取り出すことができたのだから、この葉っぱの粉でグラデーションをつくったら楽しいに違いありません。

折り紙の大きさの透明のフィルムが、ちょうど手元にあったので、5分の1の太さの線になるように木工用のボンドを塗り、その上に落葉の粉を振りかけていきます。

> **ココがポイント**
>
> 59ページの「※2のカタログ」の写真から、やっていることは想像できましたが、ニオイのことまではわかりませんでした。いや、ニオイについて言及してあったのかもしれませんが、イタリア語なので読めません。だからこそ思いがけない体験となったのです。

3 木と紅葉の研究

種類別に容器に入れます

よく乾いたさくらの葉っぱ

㉝

乾燥の足りないイチョウの葉っぱ

㉞

㊱

ハーブの調合師のようなSちゃん

そしてまた、ボンドを塗って、今度は違う色の粉を……とやっていくと、「落葉の虹」の完成です。

窓に貼って、日差しを受けるようにすると、味わい深いものになりました。(㊲〜㊵)

まとめ

この活動は、年長組の秋から冬にかけての実践です。これまでの生活の中で、子どもたちはいろいろな「もの」と出会い、知識も蓄えてきています。

幼児期の特徴は「直接的で具体的な体験から学ぶこと」であるといわれていますが、直接的で具体的な体験を通して得てきたものは、それぞれその場面に貼りついている知識であるともいえます。それを仮にバラバラな知識と呼ぶことにします。

バラバラな知識は、何かのきっかけでつながる瞬間があります。そうした知識のネットワークづくりの過程がこの取り組みからも読み取っていただけるのではないかと思います。

子どもだけでなく、保育者も知識のネットワークを作り替えていることも読み取っていただけると思います。そして、知識を身につける過程で、仲間や保育者とともに驚いたり、納得したり、感動したり、いろいろな心の動きがあることが、分厚い体験となるためには重要であるように思います。

ココがポイント

このように、焦点はつなげつつも、別なものに移行するようなことをしながら、園の生活は続いていきます。

子どもたちはいろいろなことに目を向け、自分でやりたがり、対象となるいろいろな「もの」と出会います。

それを身体全体で受け止め、自然の中にある不思議さや美しさを感じ、道具などを含めた私たちの文化の中にある素晴らしさを感じ取って、より人間らしく育っていくのでしょう。やや大げさな話になってしまいましたが、そうしたことも考えつつ、私は日々子どもたちと、一見くだらないとも思えることに一喜一憂するのです。

㊲ 色ごとにボンドで貼りつけていきます
㊳
㊴ Kくんのアイディア「葉っぱの虹」
㊵ 光を採りこめるようにガラス戸に貼りました

汐見先生のコメント
新・保育所保育指針・幼稚園教育要領の視点で見てみると…

　子どもたちは、何かの拍子に、「あれ？」と思い、その問いを調べたり意見交換をしたりして、理由（どうしてなのか）をもっと知り、自分の生きている世界のいろいろなものについて知識を深めていくという、いわば本能を持っているのだと思います。「もっと知りたい！」「どうしてだかわかりたい！」という本能です。

　でも、そうした知的探索は、問いを持続したり、問いを整理したり、問いを共有したり、問いを言葉にしたり……等々の活動を介さないと続きませんし、発展しません。

　教師・保育者の役割は、この「整理、言葉化、共有、深化」などを手伝うことにあります。このエピソードでは、その活動のために利根川先生自身、いくつかの原則を発見しています。そのひとつが本物と出会わせることであり、また、共有化＝見える化していくということです。本物の文化を持った人と出会えない場合、図鑑やネット情報に頼ることもありますが、子どもたちには、実践者が持っている文化を超える文化と出会わせることが実践には必要なのです。そのことで問いの整理、言葉化、共有化、深化のきっかけがふくらんでいくわけです。

　また、このエピソードでは利根川先生自身が述べておられるように、子どもたちの既有の知識と新しく発見した知識がつながっていく様子がみられます。この「つながることをめざす」のが、教育要領でいう「主体的で対話的で深い学び」の「深い」にあたるところです。この角度から、この実践を意味づけることも興味あるところです。

発見！その4
光と影との対話

　注意を向けるといつも身の周りにある光と影。子どもたちも自然にそのありさまを経験していることでしょう。しかし、必ずしも感覚や感性を刺激され、驚きをもって「光と影」にかかわる体験ができているわけではないようです。そこに保育実践の中に位置づける難しさとおもしろさがあります。

　ここでご紹介する2つの実践は、どちらも、まったく意図しないところから生まれました。子どもたちが「光と影がくれた贈り物」を偶然発見することによって展開していったものです。ひとつ目の贈り物は「やじるし」、2つ目の贈り物は「ハート」です。ポイントは、「せっかくの贈り物を受け流すのではなく、十分に味わおうとする姿勢」にあるように思います。

「やじるし」の発見

4月13日「やじるし」と出会う

　年長P組の1学期が始まって4日目。この日から新入園の3歳児たちも登園してきました。

　お母さんと離れて大泣きしている子どもも珍しくありません。

　新入園の3歳児が自分の保育室にすんなりとたどり着けるようになるには、時間がかかります。

　3歳児たちが慣れるまで、年長の担任はもちろん、子どもたちも、新入園児を保育室まで送り届けるという仕事に取り組んでいきます。「年長組」の頼もしさが感じられる時です。

　そんなある日、すでに登園していたYくん（もちろん、ひと仕事終えています）が担任である私の姿を見つけて「先生、きて！　あっちのデッキにやじるしがあるから！」と声をかけてきました。

　とても弾んだ声です。

　私は「やじるし」が何であるかをすぐに理解することができませんでしたが、Yくんが何か重要なことを伝えようとしているのだろうと感じました。しかし、3歳児たちを保育室に送り届けることが優先です。

　「ちょっと、待ってて。この子たちを部屋に送ってくるから」と、3歳児たちを保育室に送り届けつつ『やじるしってなんだ？……誰かがお店屋ごっこの看板でもつけたのかな？』と想像していました。

　しばらくして、Yくんの元に戻ると、「こっちこっち、きてきて！」と、待ち構えていたように私を現場に引っ張ります。

　Yくんが、「ここ！」「ほら、やじるし！」と指し示したものを見て、私は衝撃を受けました。

　それは、本当に「やじるし」だったのです。

　光と影がつくったカタチであることにも驚きましたが、こんなにも美しいとは思ってもみませんでした。

汐見先生のコメント

虹のエピソードもそうですが、子どもたちが自然の営みの中で、最初に興味を持つのは曜日の世界。つまり、日、月、火、水、木、金、土なのですね。日、つまり太陽や光のこと。その裏返しとしての月、すなわち暗さや夜のことは、誰もが自分の生きている世界の舞台のようなものとして感じているのです。そこに「アレッ？」ということを見つけると、一挙に興味が広がります。「科学的探索の素材は足元にごろごろある」のです。

4　光と影との対話

汐見先生のコメント

大切なことは、現代ではデジカメやスマホ、あるいはICレコーダーなどで記録する……これは世界の常識になっているようです。その記録をどう生かすかという生かし方はさまざまで、利根川先生のように「印刷して、示して、何かを待っている」ということもありますし、「印刷して、保護者に日頃の子どもの姿をリアルに伝える」という方法もあります。利用の仕方の研究はこれからでしょう。

私が「ほんとうだ！　やじるしがある！」と声をあげると、気配を察して集まってきていた子どもたちも「やじるしだ！」と口々に驚嘆の声をあげて、現場は騒然となり「おもしろいものを発見した」興奮ムードにつつまれました。（写真❶・❷）

私は、ふと腰にぶら下げたコンパクトカメラのことを思い出しました。それまで保育中の記録ツールはメモ帳とペンでしたが、この4月から保育中にデジタルカメラを携帯することを習慣づけるようにしていたのです。

『そうだ、これを使わないのはもったいない』と、さっそくこの「やじるし」をカメラに収めました。これまでのペンとメモ用紙だけでは、うまく記録することはできなかったことです。

出会えない日々が育てるもの

翌日の天気は雨でした。それからの数日も、曇っていたり雨が降っていたりして、なかなか「やじるし」には出会うことができませんでした。

私は、見えないとわかっていても、その場所を通るたびに、つい「やじるし」を探してしまいます。そして、私と同じように、「今日のやじるし」がどうなっているだろうか、とあの場所に行って確かめている子どもたちがいます。

私が「やじるしが、ないね」というと、「雨の日は影がないから」という声。

子どもたちのその姿を見ながら、『そこにやじるしはないのに、子どもたちが興味を向けている。「そこにない」ものに「興味を向けている」ということは、子どもたちの中に何かが「ある」ということだ』と、何かが始まる可能性を感じていました（自分も同じことをしているのに）。

そこで私は、「やじるし」の写真をプリントして壁に貼っておきました。

「ない」状態が続くより、目に見えるものが「ある」状態のほうが興味の持続を支え

これが見慣れた風景　　突然「やじるし」が現れた　　なぜか、この日の「やじるし」は細かった

❶

❷

❸

るはずだと考えたからです。

そのうちに私は、朝、幼稚園に出勤すると、1人でその場所に行き「やじるし」を探すようになっていました。自分自身もやじるしに興味が高まっていたのです。しかし、なかなか「やじるし」は現れません。

やじるしとの再会

それから4日。この日も曇り空でした。

ところが、子どもたちが登園する時間には雲間から太陽が顔を見せ始めました。そして、やじるしも現れたのです。

さっそく、登園していた子どもたちと、やじるしに会いに行きました。

ところが、どうしたことか、このやじるしは、これまで見たものよりも細いのです。これには子どもたちも驚いています。もちろん私も。

『時刻が違うから太陽の傾きが違うのだろうか?』と時計を確認してみると、前に見た時刻と今日の時刻とは、それほど変わりません。

そう、この時の私は5分も違えば、カタチが大きく変わってくるということに気づいていなかったのです。(**3**)

『なぜだろう?』と疑問に思った私は、子どもたちと一緒に考えることにして、降園前にクラスのみんなが集まった場面で話題にしていきました。

私「どうしてやじるしが細いんだろう?」

すると、Hくんは、ハッと思い出したように「(時間の経過とともに)だんだん太くなっていた」とつぶやいています。

Tちゃんは「曇っていて、光が足りないから」

Mちゃんも「雲が多くて、この前より、晴れてなかったから」と言います。

私は余計なことを言わず、聞き役に徹していると、ほかの子どもたちからも、いろいろな声が聞こえてきました。

この問題に対して「子どもたちはどう考えていたのか」を聞きながら、私は感心したり、そういう考え方をしているのかと驚いたりしていました。そしてこの先、『この「やじるし」の実践がどう展開していくのか』と考え、ワクワクしていました。

やじるしの変化を捉える

翌日のことです。朝、登園したばかりのKくんが「三角だけで線がない!」と、あの「やじるしの場所」で弾けたような声をあげました。その瞬間、Kくんが大発見をしたということが伝わってきます。

4

光と影との対話

■ ココがポイント

自分が「見たい」と思った時には、いつでも見ることができるものがあります。近年のいろいろな機器の進歩によって、「自分の都合に合わせて、いつでも」が、どんどん広がっています。

ところが「自然」は、なかなか人間がコントロール下に置くことができません。「自然」は、コントロールの対象ではなく、よりよい付き合い方を考え、自分が合わせていくべき対象であることを実感させてくれます。幼児期にこそ、それを実感し、それを楽しむという体験が、より重要なのではないでしょうか。

私は半ば反射的に左腕の時計をにらみ、時刻を確かめました。9時5分。それと同時に、あの場所に向かいます。

近くにいた子どもたちも集まってきます。

たしかに、「三角だけで線がない」状態です。初めて見るこのカタチに、現場は大騒ぎになっています。

私も、予想もしなかったことが目の前に現れていることに興奮していました。（❹）

そして、前日、時間の経過と共に線が太くなっていたという声があったことから、興味を示した子どもたちと一緒に定点観測を試みることにしました。もう、3歳児たちも落ち着いてきたので、この場に腰を据えていることができます。

その後、10分もすると「線」が現れました。しかしそれは細い線です。（❺）

私は無意識のうちに、騒ぎ立てていたのかもしれません。近くにいる子どもたちも、自然とそこに意識を向けます。時間とともに、おもしろいように線が太くなっていくことが確かめられていきました。もちろん、それをカメラに収めていきました。（❻・❼）

その場にいなかった子どもたちもいたので、クラスで集まってから、カメラで撮った「やじるし」の5段階の変化を一緒に確かめていきました。

すると、4段階目で、「（矢印が）1になってる！」という声があがります。それを受けて「次は2になるんじゃない？」という声もありました。

> **汐見先生のコメント**
>
> やじるしのカタチが変わる、やじるしが少しずつ動く……こういうことを発見して、昔の人は暦をつくり、やがて聖なる場所を見つけていきました。太陽の動きに、誰もが昔から不思議さを感じていたのですね。それを子どもたちが追体験しているのですから、とても面白い実践です。

❺

❻

「三角だけで線がない！」と大発見 ❹

時間の経過とともに変化する「やじるし」

❼

Mちゃんは「あーゆー空じゃなかったら、三角とか出てこない」と言います。「おひさまがいっぱい出てくると、線が太くなる」という発言もありました。子どもたちは、影のカタチと太陽の動きとに何か関係があるらしいことはつかんでいるのでしょう。

そして、Hくんは「階段のところにもやじるしがあった」と言い、Tくんもほかの場所での影を見つけたと報告してきます。

「ほかのところにも、おもしろいカタチがあるかもしれないから、探してみよう」という声も聞こえます。「あのやじるし」から、広がりも感じられます。しばらくやじるしの探求が続きそうです。

自然現象の不思議さ

6月11日。Kくんが登園途中に見つけたと、その手に握り締めてきた葉っぱの中に、見事なやじるしがありました。（❽）

7月には、折りたたみ式の鏡を使って遊んでいたRくんが、偶然それが「やじるしになった！」と、喜びの声をあげていました。（❾）

そして、2学期になった9月20日。「また、やじるし、見つけた！」と興奮した声が聞かれました。なかなかのハイテンションです。

さっそく第一発見者と共に現場に向かいます。

私は、光と影が「やじるし」を形作ることなんて、そうそうあるわけではない、と思い込んでいました。いったい、どこで、どんなやじるしが現れたというのでしょうか。想像もつかないまま、現場に到着しました。（❿）

先生のきもち

進級したばかりの4月に、こうして「やじるし」と出会い、探求することで、担任と子どもたちとで、このクラスの生活のベースに「不思議なことを探求していくって、おもしろい」「価値あることだ」ということがつくりあげられていったように思います。

実は「やじるし」は、細かったり太かったりするだけではないのです。

なんと、向きが変わることがあるのです！（⓫）

残念なことに、これは、子どもたちが降園した後の時間帯にしか見られませんでした。

私はこの逆向きのやじるしを発見した時、めまいを覚えたほどです。『こんな不思議な、思いもよらないことが、目の前にハッキリと現れるなんて』と。

4 光と影との対話

❽ 葉っぱにも「やじるし」

人通りの多い場所にもあらわれた「やじるし」

鏡が突然、「やじるし」になった

❾

❿

⓫
なんと！
逆向きの「やじるし」も出現

「ほら、これ！」という声とともに、子どもの指した先に目を向けます。

なんとそれは、人通りの激しい回廊デッキの真ん中に姿を見せていました。こんな目立つ場所にありながら、なぜこれまで誰にも気づかれずにいたのでしょう。

多くの子どもたち、そして大人たちも目にしていないわけではないはず。しかし「やじるし反応回路」がつくられていなかったため、見過ごされていたのです。

でも今は、私たちP組のメンバーは、すでに「やじるし反応回路」が活性化しているから発見できたのです。

「フッフッフ、ここにも、こんな偶然のカタチが現れたか……」私は、自然現象の不思議さに恐れ入りながら、そうつぶやいていました。

やじるし探検隊

運動会の取り組みも終わった10月5日。

朝から園内の探索に出かけた子どもたちが「やじるし、発見！」と、驚きの声をあげながら戻ってきました。

さっそく現場に向かうと、今度はまったく違う場所に、それは現れていました。園舎の一番東側。朝日の射し込むデッキです。

「おぉ～！」と、どよめく子どもたち。たしかに「やじるし」です。その時の私は、もう言葉が出てきませんでした。（⓬）

さらにその1分後、近くで「1があった！」と声があがります。目を向けると、たしかに2にも似ている1があります。（⓭）

> **ココがポイント**
>
> 子どもたちが興味を向けることは、ほかのものにも広がっていきますし、保育者が提案していく活動に取り組んでいくこともあります。
>
> 「やじるし」の話題も次第になくなっていきましたが、この一連の出来事があったことで、子どもたちの目は、すっかり「やじるし」に対して敏感に反応する回路ができあがったようです。ひょんなところで「こんなところに、やじるしがあった」という報告が、その後も時々聞かれました。

ここに「やじるし」を見つける子どもたちの感覚がステキです

これは「1」。たしかに、そう見えます

こっちにも、やじるし！

『どこに光が当たって、何が影を形作っているのか』などと考えることもなく、ただただ、1を見つめる私。

　すると、「ほかにもあるかもしれない」と、考えたのでしょう。別の場所に探索に向かった子どもから「こっちにも、やじるし！」と、報告が入りました。⑭

　またまた、現場に向かう探検隊。

　そう、こうなると「やじるし探検隊」です。

　やじるしを見て、その指し示す方向へ向き、「こっちに進めっていうことか？」と言うYくん。

　「よし、やじるし探検隊、進めー！」と、Sくん。

　こんな発想も素敵です。

　次なるやじるしは、9月20日に発見した場所にあったものでした。しかし、これも以前と比べ、すいぶんと太っています。位置も若干違っています。⑮

　興奮も冷めやらぬまま、部屋に戻った探検隊。誰ともなく、もともとのやじるしがあった場所が気になり、確かめてみることになりました。

　すると、どうでしょう。本家やじるしは、デッキから保育室の中へと入り込んできているではありませんか。そして、太く、たくましく育っていたのです。⑯

　子どもたちのどよめきがこだましました。

　実は、9月26日に、人工的にやじるしを作り出す動きも見られているのですが、これはそれほどの広がりはありませんでした。やはり、偶然出会ったときのインパクトのほうが、子どもたちの心を大きく揺らすのでしょう。⑰

先生のきもち

光と影。その時々の天候によっても違い、1日の時間の経過とともにカタチを変え、さらに、日数の経過とともに姿を変えていきます。そこにはいろいろな不思議が散りばめられています。「なんで？」「不思議！」そう感じるたびに、子どもたちの心の中には自然への畏敬の念が刻まれていくのでしょう。そして、それが、これから先の人生の中で、科学的な探求をおもしろがることにつながっていくはず……そんな気がします。

少なくとも、私の中では、自然への畏敬の念が膨らみ、科学的な探求をおもしろがる意欲が猛烈に湧き上がっていました。きっと、これが「センス・オブ・ワンダー」なのでしょう。

4　光と影との対話

探検隊の見つけた、太っている「やじるし」

元祖「やじるし」もたくましく育っていた

切り紙で「やじるし」づくりの実験をするSちゃん

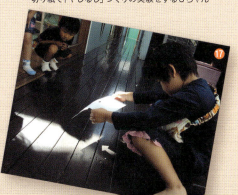

「ハートの影」との出会い

ハートの影がある

　朝、登園した子どもたちは、自分の支度を終えると、思い思いに遊んだり話したりしています。私は、昨日の出来事を語るSちゃんのおしゃべりに耳を傾けていました。

　ところが、その時、保育室の南側に設置してあるママゴトコーナーから、急に大きな叫び声が聞こえました。

「ハートの影がある！」

　それは、Aちゃんの声です。部屋じゅうに響いたその声に反応して、「なんだ、なんだ？」と保育室の中にいた10人ほどの子どもたちが集まっていきます。

　私もその声に反応した1人で、気がつくと動き出していましたが『ハートの影って、なんだ？』と、頭の中ではその正体がまったく想像できずにいました。ただ、その「想像できないもの」に対する期待感は俄然、高まります。

　ママゴトコーナーでは、Aちゃんが「信じられないものを見てしまった！」という顔つきで、壁の角を指さしています。私を含め、駆けつけたみんなは、Aちゃんの指し示す場所に視線を移します。

　すると、どうでしょう。それは、たしかに「ハートの影」です。とてもハッキリ・クッキリしたハートのカタチが現れていたのです。

　どうやら、天井からぶら下がっている丸い照明器具に日光が当たって、丸い影ができ、それがちょうど、壁の角に映ったため、丸い影がハートのカタチになっていたようです。⑱

実践の背景

　それは、季節が秋から冬へと向かう頃、12月1日のことでした。

　K組の保育室は南北方向に長く16メートルあります。ちなみに東西方向には4メートルです。

　南側の壁は、ほとんどがガラスの窓になっていて、角度の低くなった冬の日射しは、夏よりも保育室の中に入り込んでくるようになり、お昼頃には部屋の半分ほどを照らします。⑲

　こんな保育室の構造と、季節による太陽の光の射し込み方から、この日、思わぬ発見がありました。

ハートの影がある！ ⑱

天井が高く、冬には日射しが部屋の中央まで入り込んできます ⑲

子どもたちは「うわっ！　ホントにハートだ！」「ハートの影だ！」と、興奮しながら声をあげ、初めての「ハートの影」との出会いの衝撃を確認しあっています。

子どもたちは、ひとしきり騒ぐと、スーッと潮が引くように元のそれぞれの遊びへと戻っていきました。

しかし私は『さぁ、これがどう変化していくのか。そして、子どもたちはどんなふうに反応するのか？』と考えていたのでニヤニヤしていたかもしれません。

それから5分後か10分後のことです。ふだんは声が小さいSちゃんが、珍しく叫び声をあげました。

「もう、ハートじゃない！」(20)

私は、またしても反射的に時計に目をやりました。

9時33分。

またまた集まってきた子どもたちと私。(21)

あれから、たった6分でこの変化です。

太陽が動いているのだから、当り前といえば当たり前の現象でしょう。しかし「さっきまでハートだったのに、ちょっと目を離している隙に、違うカタチになっている」ということを目の当たりにしたときの、この驚き。これをじっくりと味わったり、仲間と共感し合ったりすること。私もその一員として一緒に味わいながら、これが幼児期に必要な「学び」なのだと改めて感じました。

さらに3分後（9時36分）。

Aちゃんが声をあげました。

先生のきもち

私の頭の中は、猛烈に動き出していました。あの「やじるし」に出会った時のようなめまいを感じ、同時に、この保育室で何年暮らしていたのかを計算していました。

この保育室の担任として過ごすのは、これが6回目でした。それなのに、今、この瞬間、初めてこの「ハートの影」と出会ったのです。

『今まで、なんで気づかなかったんだろう？』『イヤ、これが自然と出会うおもしろさだ』など、いろいろな思いが駆けめぐります。そんなことを思いつつ、反射的に腕時計に目をやり、時刻を確認しました。

9時27分。時間とともに影のカタチはどんどん変化していくものであることは、これまで散々学んできました。

4 光と影との対話

わずか6分後には、もう違うカタチになっていました

影の動きが気になる子どもたち

「ハートの丸の影の場所が、変わってる！」㉒

刻々とカタチを変える「ハートの影」（もう、ハートのカタチではありませんが）。子どもたちにとって、それは衝撃的な「大発見」のような反応です。

さらに11分後（9時47分）。

遊びを続けながらも、影のことが気になるようで、チラチラと視線を向けている子どもたちがいます。

AちゃんとSちゃんが「またズレてる！」と声をあげると、

Cちゃんは「丸じゃなくて、ポッコリしてる」と表現します。そして、笑いながら「電気の宇宙人が、世界を征服しにやってきた」と言います。

もう、はじめの興奮は落ち着いてきているのでしょう。ユーモアなのか、ファンタジーなのか、そういったものも入り込むようになってきました。㉓

さて、この日の「ハートの影」とのやりとりはここまでです。

私たちはこの時期、全園児で繰り広げる「まちのあそび」の真っ最中。この後は、クラスのみんなで、そちらのほうに気持ちが向かっていきました。

汐見先生のコメント

すごいですね。私も丸い影が、隅ではハート型の影になることを初めて知りました。日常の世界をしっかり観察すれば、もっといろいろなことを発見できるのかもしれませんね。子どもから教えられた気持ちです。

12月7日　「ハートの影」と2度目の出会い

ハートの影との出会いから6日が経ちました。

その間、曇りの日が多かったため、ハートの影とは出会える条件が整いませんでしたが、この日は朝からいい天気です。

「ハートの丸の影の場所が、変わってる！」

三角の窓から入り込んだ光

「丸じゃなくて、ポッコリしてる」
「電気の宇宙人が、世界を征服しにやってきた」

Uちゃんが登園すると、私にこんなことを告げてきました。
「利根川先生。発見したんだけど。なんで窓ガラスなのに、車と同じなのに、明るい光ができるんだろう？」
　Uちゃんの視線の先には、ハッキリとした三角形の「光」が見えます。三角形の窓から入り込んだ光です。それは、周りの「影」がコントラストを映し出しているからこそ、気づくことができる光のカタチです。㉔

　私がUちゃんとやりとりをしている時に、Aちゃんが登園してきました。
　9時16分です。いつもAちゃんが登園する時刻よりも早いので『どうしたのか』と思っていると、Aちゃんは「まだハートになっていないかな？」と言いながら、ママゴトコーナーの壁を眺めていました。
　今日はよく晴れていて、日射しも鮮やかです。㉕
　どうやらAちゃんは、どの時間帯に「ハートの影」と出会えるのかを理解していて、その出会いを期待して、いつもより早く登園してきたようです。
　そのAちゃんの言動を受けて、ほかの子どもたちも「ハートの影」に注目します。

　9時22分。Hくんが「まだ変なカタチだけど、なってきた」と、報告しています。
「ハートの影」は、子どもたちが背伸びをしても、バンザイをしても届かない場所にできるのですが、Nちゃんは低い棚の上に乗って影に手を当てます。㉖
「手でハートをつくって当てると、ハートに見える」
　違ったアプローチで「ハートの影」をつくろうとしているようです。
　そうしているあいだにも「ハートの影」の場所は少しずつ移動していきます。㉗
「ハートが大きくなってきたぞ！」とHくんが興奮気味に大きな声を出すと、Yくんが

先生のきもち

　私はUちゃんの言葉をこんなふうに受け取りました。
　"いつも車に乗っている時、周りには窓ガラスがある。でも、そこでは「光と影のコントラスト」が意識されない。それなのに、なぜこの部屋では、壁に明るい光が当たる部分がはっきりと見えているのか？"ということです。
　ここでUちゃんが「発見した」ことは"問い"です。問いを「発見した」とは、なんと素敵なことでしょう。「ハートの影」と出会うことで、いつも意識していなかった車の中の「光と影」が、ふと気になったのでしょう。
　こうした発見が、織り重なって、しだいに身の周りの世界が豊かになっていくのではないでしょうか。

4 光と影との対話

影に群がる子どもたち

2度目の出会いを期待して注目します

Nちゃんは、手でハートのカタチをつくって重ねます

「ハートに触ってみよう」と、棚に上がります。㉘

　すると、やはり直接、手で触れたくなるようで、DくんやHくんも棚に上がって、壁に映った「影」をなでたりしています。

　2回目の出会いともなると「対話の仕方」も変わってくるようです。

　まだ「ハートの影」はできていませんが、そんなことをしているうちに満足して、私を含めて、みんなが目を離しているうちに、気づくと9時35分。

　もう、ハートではなくなっていました。子どもたちは「しょうがないね」と、あっさり受け入れ、別の遊びに向かっていきました。

　私も、今日の「ハートの影」との対話はおしまい、と思いました。なぜなら、今日にかぎっていえば影の位置は「もう戻らない」のですから。

　しかし、その思いをあざ笑うかのように、「ハートの影」が実はとんでもないことを起こしてくれるのです。ただし、それは1時間後のことです。

　10時38分。クラスの一斉活動（先週から続いている、お話づくりをしながら劇遊び）をおこなうため、遊びを切り上げ、みんなが保育室に戻って片付けをしている時です。

　Nちゃんが、驚いたように叫び声をあげました。

「逆さまのハート！」㉙

「何、それ？」と、すぐに現場に向かう子どもたち。もちろん、私も動きます。

　そして、それを目撃した私たちは、衝撃を受けて、一瞬沈黙してしまいました。私も、口が開いたまま、しばらく言葉が出てきません。

　Nちゃんが「桃。それかお尻」とつぶやいて、ようやくざわめきが戻ってきました。

　Uちゃんは、「なんで時間が経つと、影って、動いたりするんだろう？」と、つぶやいています。

「なぜ、時間が経つと影は動くのか？」

　片付けを終えて、みんなで集まった場面で、私はさっそくUちゃんのつぶやきを紹介しました。

「さっき、Uちゃんが"なんで時間が経つと、影って、動いたりするんだろう？"って言ってたけど、なんでだろうね？」

　するとCちゃんが「太陽が動くからだよ」と、すぐに言います。

「そうだよ」と、Cちゃんの意見を受けて、あちこちから賛同の声があがります。

　私が「じゃあ、太陽が動くからだって思う人？」と問いかけると、ほとんどの子どもたちが手をあげます。

先生のきもち

　1度目の「ハートの影」との出会いの時は、クラスのみんなが目にしたわけではありませんでした。その日の朝も、2度目の時も同じです。しかし、ここでついにクラスのみんなが「ハートの影」（逆さまですが）と出会ったわけです。時が満ちたとはこのこと。どのタイミングでクラスの話題にするか、私のカンは、かなり磨かれてきているようで、感覚的に「ここだ」とつかめるようになっていました。

あっけないもので、これではおもしろくありません。みんなが同じ意見では、対話にならないのです。

しかし、手をあげたのは全員ではありません。

私は「ほかの理由があると思う人?」と、再び問いかけます。

すると、3人の子どもが手をあげました。

3人のうちの1人、Rくんがみんなに問いかけます。

「いつも太陽って動いてるっけ?」

それを聞いて、みんながハッとしていると、ボリュームを上げてたたみかけるRくん。「太陽が動いたところなんて、見たことないよ!」

『そう言われると、見たことないな』というムードが広がります。

そこで、Tくんが「人間が見ている時は、動かないで、人間が見ていない時、ヒュッて動いてるんじゃないの?」というと、一気に全体が興奮したムードになっていきました。

誰かが言います。

「太陽が動くところ、見たことないよ。『太陽見ちゃいけない』って言われてるし」

たしかに「直接、肉眼で太陽を見てはいけない」ということは、子どもたちも、大人から言われているのでしょう。しかし反論もあります。

「サングラスかければいいじゃん!」

そして、Yくんが声を張り上げます。

「あのさ、ホントは地球は回ってるじゃん? でも、回ってるって感じないでしょ? それとおんなじで、動いてないように見えて、動いてる」

子どもたちの話を聞いていると、私もいろいろと言いたくはなりますが、一人ひとりの発言を『へ~っ、○○くんはこんなふうに考えてるんだ』『地球が回ってるって、どの

汐見先生のコメント

これもとても面白い発見です。
＜太陽が動く＞という一般論は知っている。しかし実際に＜動いている＞のは見たことがない。この矛盾する2つをどう解釈したらいいのか。
抽象的には「知っていて」も、具体的には「知らない」のです。この例からも、人間にとって「具体的に知る」ことが大切だとわかります。子どもたちは必ずしも「具体的に知っている」わけではないのです。

4 光と影との対話

くらいリアルな認識なんだろう?』などと味わいつつ、メモしていくことで精いっぱいです。

そして、Yちゃんは「なんで、ハートがないのに、ハートの影ができるの?」と、みんなに問いかけます。

Cちゃんが「光が右と左から射すと、ハートになるよ」と話すと、ほかの子どもたちが驚いて「え〜っ!!」と、声をあげて、またまた騒ぎが大きくなります。

数人が立ち上がり、日の当たるところに行って、ハートの影をつくろうと、もう動き出しています。㉚

時間的にも、ムード的にも、頃合いなので話を打ち切り、「この件はまたいつか話題にしよう」ということにしました。

ハートの影の正体は?

その後、劇遊びを楽しんだりして、降園の支度をする時間です。その時、Kちゃんが「ハートがあった!」と、ママゴトコーナーから何かを手にしてやってきました。㉛

なんとそれは、「ハート型のしゃもじ」です。私にとっては予想外のモノで、ガクッときましたが、Kちゃんは真剣ですし、これも「ハートの影の正体」の探究の一環としては大事なことです。

翌日も「ハートの影」が現れると、Kちゃんはすぐに「ハート型のしゃもじ」を手にとって、「これじゃ、ないよね?」と、つぶやいています。そして「どれでできてるんだ?」と、仮説がくずれることによって、問いが深まったようです。㉜

この日、「逆さまのハート」にも出会えたので、私はイタズラ心を起こし、長い棒を

> **汐見先生のコメント**
>
> なぜハート型ができるのか? これは幼児にはかなりの難問だと思います。だって私も考えつかないぐらいですから。こういう難問は解決しなくていいのです。ずっと問いとして持って生きていけばよい。それが学びの構えをつくりますから。

ハートがあった!

手でハートの影をつくり、正体に迫ります

「これじゃ、ないよね?」
「どれでできてるんだ?」

使って天井からぶら下がっている照明器具を揺らしてみました。

　もちろん影も揺れます。ちょうど角のところにくると、その影は「逆さまのハート」になります。

　その瞬間、Eくんが、まるで腑に落ちたように「角にあるからだ！」と大きな声をあげたのです。(㉝・㉞・㉟)

まとめ

　「やじるし」も「ハートの影」も、どちらも、光と影と園舎の構造の３つが重なったところに、偶然、生み出されたものでした。またそれには、いくつかの条件も重なっていました。たとえば、天気がよく、太陽の光が十分届くこと。当たり前ですが、曇っていたり雨が降っていたりすると、「影」は現れません。

　また、太陽の光が園舎に当たる角度も条件のひとつです。つまり、時間帯によって「影」は刻々とカタチを変えていきます。また、季節によっても角度が変わり、同じものが同じ場所にできることはありません。

　それにしても、なぜ「やじるし」や「ハート」は発見されたのでしょうか。

　もし、Yくんが「やじるし」を、Aちゃんが「ハート」を発見しなかったら、誰にも気づかれないままだったかもしれません。ここに、一人ひとりが個性を持った子どもたちが、集団で過ごすことの「おもしろさ」があります。

　そして、保育者がそのおもしろさを受け止めて楽しむベースには、「〇〇ができる」「〇〇を知っている」ということだけが価値あることではなく、「発見すること」「仲間と共感すること」の価値を認め合う保育者集団があるのではないかと思います。

4 光と影との対話

先生のきもち

　26人の子どもたち、一人ひとりが同じように納得したわけではありません。でも、どうやら、正体が何かという答えが重要ではないようです。「ハートの影」は、１月になると、もう姿を見せなくなりました。しかし、今度は保育室の中に現れる別のカタチの影を発見して、その変化を楽しむ子どもたちの姿がありました。(㊱・㊲)

㉝ 照明器具を揺らすと影も動きます。
それを見て「角にあるからだ！」とEくん

㉞

㉟

照明器具の影が床に映る

㊱

自分の頭部と影を重ねて、「頭の大きな影人間」をつくる

㊲

発見！その5
モノからアートへ

　保育の現場で、よく目にするモノがあります。保育者にとって馴染みのあるものは、当然「どう扱うのか決まっている」ものです。ところが、子どもたちは「保育者の当たり前」を揺さぶります。

　本章では、2つの実践をご紹介します。ひとつは、お馴染みの「ドロダンゴ」からの展開です。「土の色じゃつまらない」という発言から「どうやったら色つきドロダンゴがつくれるか？」と展開していきました。

　もうひとつは「ドングリ」から始まります。ドングリという素材は保育の中に取り入れられることが多く、遊びの材料や造形作品の素材として、これまでいろいろなアイディアも提案されています。しかしここでご紹介するのは、主役が「ドングリというモノ」から「ボンド」へと移行していくという話です。その意外な展開をお楽しみください。

色ドロダンゴをつくろう

「土の色じゃ、つまんない」

　6月半ばのことです。このところドロダンゴづくりに夢中になっている子どもたちがいました。多くの幼稚園や保育園でも、ドロダンゴづくりに夢中になる子どもたちの姿が見られることでしょう。なかには「自分も子どもの頃につくった」という大人も多いはずです。ドロダンゴづくりは、とても魅力的なものです。

　Yくんは、家に帰ってからもドロダンゴづくりをしていて、今日は「ダンゴを削るための（磨くための）ティッシュを持ってきた」と言って張り切っています。

　片付けの時間となり、Yくんが部屋に戻ってくると、まん丸で、ピカピカ光る、見事なドロダンゴを手にしていました。（写真❶）

　クラスのみんなで集まっている場面だったので、Yくんのドロダンゴをみんなに紹介するように促すと、Yくんは照れくさそうにドロダンゴを見せていました。

　すると、Uくんが言います。「でもさぁ、土の色じゃ、つまんない」

　その言葉を受けて「わたし、ピンクにしたい」「ぼく、緑にしたい」という声が続きました。色をつけるのは「絵の具で！」と子どもたち。

　ただ、「最初に絵の具で色をつける」「硬くなってから色を塗る」「でも、溶けるかもしれない」「水に濡れたら、もとの土の色になっちゃう」……など、いろいろな意見も出てきました。

先生のきもち

　私は「土の色じゃつまんない」という予想外の発言に驚かされ、一瞬、反応できませんでした。しかし、ほかの子どもたちがその言葉を受けて話が進展したことで、『なるほど。そうきたか』と、事態が飲み込めました。

　そして、冷静さを取り戻し「いいね。でも、どうやって、色をつける？」と、乗っていきました。

5　モノからアートへ

ピカピカ光る…

❶　Y君のつくったドロダンゴ

さらに「おだんご屋さんをやってみたい」「たこ焼き屋さんのほうがいいよ」「チョコレート屋さんがいい」と、カタチや色からの連想ゲームのような発言も飛び交います。「おだんご屋さんをやるなら串をささなきゃ。でも、難しいよ」「最初に串をドロで包んでいけばいいじゃん」という論争も巻き起こります。（❷）

しかし、最初に出たのは「ドロダンゴに色をつける」という意見でしたから「まず、それをやってみようよ」と促して、この日は終わりました。

絵の具を塗ってみよう

翌日。朝の支度を終えると、Yくんは「ドロだんごに色を塗りたい」と言います。昨日の話から「ドロダンゴに色をつける」ということを、やりたくてたまらなくなっていたようです。

私が「何色にしたいの？」と聞くと、「白がいいな。野球のボールみたいにしたい」とのこと。もちろん私もやらずにはいられません。私は「地球」をイメージして、青くすることにしました。

さっそく私は、白と青の絵の具を用意しました。

『せっかく光らせたドロダンゴなので、絵の具はなるべく水分が少ないほうがいいだろう。しかし、塗りづらくてもだめだ』

そんなことを考えながら、私は絵の具と水を配合しました。

2人でペタペタと絵の具を塗り、乾かしてみます。（❸・❹）

しかし、そのできあがりには、はっきり言って不満が残りました。ザラザラとした質感で、せっかくの輝きが消えてしまっているのです。これではピカピカのドロダンゴが台無しです。そもそも、ドロダンゴなのか何なのかわかりません。（❺）

「ただの色のついた球」にしか見えず、Yくんも微妙な表情を浮かべていました。

先生のきもち

子どもたちの話し合いはいろいろな視点が交錯して一方向には進みません。しかし、そこには思いもよらなかった何かが生まれる可能性があり、だからこそおもしろいのです。

それと同時に、『また、何かが始まる』という予感がしました。

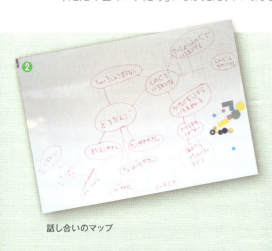

話し合いのマップ

野球のボールみたいにしたい

ドロダンゴに絵の具を塗る

その後も、ドロダンゴづくりに夢中になる子どもたちの姿がありました。

　私も大きさを変えたりして、つくり方を研究しながら次々とつくっていきました。突然ヒビが入ってしまい、愕然とさせられたこともあります。また、うまくつくることができたはずだったのに、あとからヒビが入る場合もあります。

　いわば「失敗作」ですが、それをじっくり見ていると、実は気づいたことがありました。表面はピカピカの"皮膜"に包まれていますが、その下にはいくつかの層があったのです。（❻）

　きっと、「シロスナ（と、子どもたちは呼んでいますが、地域によって呼び方は変わるようです。土が乾燥してサラサラになったものを指しています）」をかけて磨いている時に、シロスナが吸着し、こうした"皮膜"ができるのでしょう。それが繰り返されることで、層状の構造ができあがっていくのではないだろうかと考えられました。

　そこで、あることがひらめきました。
「じゃあ、"シロスナ"が"色スナ"だったら、色のついたドロダンゴになるのではないだろうか？」という仮説です。

色スナづくりの始まり

　さっそく、そのへんで見つけた適当な容器の中に、庭からとってきたシロスナを入れ、青色の絵の具を入れて練ってみます。すると、子どもたちが集まってきます。（❼）
『先生、また何やら変なことを始めたな』と、直感したのでしょう。集まってくる子どもたちはもちろん、みんな「やりたがり」です。私は良識ある大人ですから、やりたがっている子どもに、このおもしろい役を譲ります。Rくん、Kちゃん、Iちゃん、Tくんなどが、交代しながら、かき混ぜていきます。（❽・❾）

先生のきもち

　この仮説に、私は「ナイス・アイディア！」と、すっかり興奮していました。ただし、問題は次なるステップで、「それなら色つきのシロスナがつくれるかどうか」です。

　しかし、こういう時、問題に対する答えを用意してから動き出すようなことはしていられません。とりあえず動き出して、うまくいかなかったら、また「なぜ？」と考えればいいのです。それが保育の場ともいえます。

❺「ただ色のついた球」になってしまったドロダンゴ

壊れたドロダンゴからの発見！
❻シロスナに絵の具を合わせる

❼

❽シロスナを集める
❾混ぜる、混ぜる、混ぜる…

その様子を見ていたMちゃんは「紫色もつくりたい」と言います。

私は「じゃあ、これ（またまた適当な容器）にシロスナを入れてきて。で、紫色の絵の具を入れて、よくかき混ぜる」と、つくり方を伝えます。

ところがMちゃんは、シロスナとともに水も入れてきました。

Mちゃんの用意した水入りシロスナに、赤色と青色、それに白を少々……と絵の具を入れていきます。

かき混ぜていくと、水分があるため、ジェラートのようになりました。どうやらMちゃんのやり方のほうが、力まなくても済み、つまりは効率よく均等に混ざっていくようです。(⓾)

混ぜた後は、日の当たるところに新聞紙を置き、その上に練ったものを広げて乾かすことにしました。もちろん、サラサラにすることを考えて……です。(⓫・⓬)

6月の日差しはなかなか強いもので、また天気の良い日だったこともあり、わずか数時間で水分がほぼ抜けるように見えました。

昼食後、様子を見に行くと、練ったものが固まっていました。ただ"サラサラ"という感じではありません。(⓭)

そこで、手近にあったフルイに塊状の"色スナ"を入れ、石を使ってゴリゴリとすりつぶし、粉状にしていくことにチャレンジ。

しかし、これが意外と難しく、簡単にはサラサラになってくれません。しかし、子どもたちにとっては初めてのことだったせいか、興味を持った子どもたちが集まり、楽しみながらすりつぶしています。(⓮)

先生のきもち

私は反射的に『え〜っ？ 水を入れたら乾くのに時間がかかるじゃん。それじゃぁ……』と、つい批判的に受け取ってしまいましたが、同時に『いや、実際にいろいろやってみて、その結果から学ぶのも大事なこと』と考えていました。

そもそもMちゃんにとっては、「絵の具といったら水」というセット感覚なのかもしれません。

よく混ざった色ドロ

新聞紙の上に広げたところ

新聞紙の上に流す

乾燥後。サラサラではない

フルイでサラサラに

翌日、登園した子どもたちが、"色スナ"の具合を真っ先に確かめに行くと、それはもう完成していました。いつでも「色つきドロダンゴ」づくりに挑戦できる状態です。

私は、早く取りかかりたかったのですが、登園してきた子どもたちは前日の「色スナづくり」が楽しかったのでしょう。「また色スナづくりをやりたい」と言います。

Kくんが「ピンクがいい」と言うので、ピンク色の"色スナ"もつくることに。⑮

Kくんのほかに、Rくん、Iちゃんも集まってきて交代しながら混ぜていきます。「黄色」という声もあがったので、同時にやれるようにすると、そちらにもやりたい子どもが集まってきて混ぜています。

黄色はよく混ざりましたが、新聞紙の上に広げると、あまりキレイなものには見えません。もっと言えば、みんな同じものを連想したようですが、あえて誰もそれを口にしませんでした。さすが年長組の子どもたちです。きっと年中組の子どもたちなら、すぐに「ウンチだ！　ウンチだ！」と騒ぎ出していたことでしょう。⑯・⑰

ピンクは新聞紙の上に出してみると、下のほうが混ざっていませんでした。それを見て、躊躇なく直接手でこねて混ぜ始めるIちゃんとKくん、Rくん。⑱

その様子からおもしろさを感じ取り、Sちゃん、Mちゃんも参加して楽しんでいます。もはや「色スナづくり」なのか、手に色をつけて楽しんでいるのかわかりません。そして、どの子どもも、その手を私に向けてニヤリと笑みを浮かべたり、オバケ気分なのか、私を脅かしにかかってきたりしてきます。⑲

さて、よく色が混ざったところで、庭に持っていき、日当たりの良いところで天日干しにしていきます。一度やったことがあるだけに、要領がわかっていて手早いものです。⑳

先生のきもち

私はつい、早く先へと進みたくなりますが、考えてみれば急がなければならない理由はありません。ゆっくり進めばいいのです。

子どもたちは、だんだんとサラサラになっていく"色スナ"を目の当たりにして、なんだかワクワクしている様子がわかります。

実は、水も入れてよく混ざっているためか、紫のほうは、容易に粉状になっていきます。つまり、水を混ぜたほうが結果的に効率よくすりつぶせたのです。

これは、私の「Mちゃんからの学び」でした。

これはピンク色　15
黄色の絵の具を混ぜる　16
手でこねて混ぜる　18
なんともいえない色に…　17
オバケ気分のMちゃん　19

乾いてきたところでサラサラに　20

色つけ実験の始まり

「一方で、ドロダンゴをつくっていた子どもたちは、いよいよ「色スナ」を使ってみたいと集まってきていました。

　ここからが肝心な実験の始まりです。

　MちゃんAちゃん、Oちゃんが紫のスナを使ってドロダンゴづくりを始めます。その隣に青色も用意します。こちらは、Sくん、Yくん、Aくん、そして私です。

　始めてみると、人数からして「色スナ」の量が少ないようにも感じます。こうなると「色スナ」を入れた容器も、小さいということになるのでしょう。

　人数が集まると窮屈で、いつもの要領でつくっていくと、容器の外に「色スナ」がこぼれ落ちてしまいます。「限りある資源」なので、私はつい「ちょっと！　下にこぼれてるじゃん！」「箱の上でやってよ。そうすれば、また箱の中に落ちていくから」と、口うるさく声をかけていました。

　そうしたなかで、みんな自分のダンゴづくりに熱中していきます。(㉑・㉒・㉓)

　しばらくすると、できあがってきましたが、比べてみると、どうも紫のほうが、みんないい感じの色づきをしています。そしてツヤも出ています。青色よりも紫色のほうが粉のキメが細かいのでしょうか。

　結局、絵の具を塗ったものよりも、数段「ドロダンゴらしい」ものができたのですが、「輝き」がいまひとつ。つまり、なんとなく物足りないのです。

　また、青色でつくっていた子どもたちは、途中で壊れてしまったようですが、紫の3人は、できあがりに満足したようです。「紫ダンゴができた！」と喜んで持ち帰っていました。(㉔・㉕)

　実験は成功と言っていいでしょう。しかし、これで終わりではありません。せっかくおもしろくなってきたのですから、終わるわけがありません。(㉖)

汐見先生のコメント

面白いものです。実験というのはある面からみると「成功」でも、別の面からみると「失敗」。要するに実験することで自分たちの目標水準が上がっていくのです。
「失敗は成功」「成功は失敗」……これが科学の進歩の秘訣かもしれません。

実験開始！　　こちらは青色　　できた！　　その後も続きます

色スナがこぼれないように…

実験成功の笑顔

繰り返される色スナづくり

翌週です。

Aちゃんが、先週、紫ドロダンゴを持ち帰ったところ「お兄ちゃんが、それを見て、ほしいって言っていた。だからつくってあげるの。お兄ちゃん、青がいいって言ってた」と、張り切っています。

実は、私は黄色いダンゴづくりに挑戦していました。

はじめに「土の色じゃつまらない」と言っていたUくんやTくんが興味を示してそばにきました。自分のものをつくりはしませんが、私のドロダンゴに黄色い砂をかけたりして、手伝っている雰囲気です。たしかに、こうした関わり方もあります。

一方で、SちゃんとMちゃんが、さらに「色スナ」をつくりたいと言います。「まだつくっていない色をつくりたい」ということで、赤と緑をつくります。㉗

色つきダンゴづくりも繰り返される

「色つきドロダンゴ」づくりのほうも、いよいよ本格化しています。夢中なのはAちゃん。青の次はピンク色を一生懸命つくっています。㉘・㉙

私も、黄色ダンゴの続きをつくります。しかしこれは、光らせようとすると、なぜか色が落ちていきます。土の色が強くなっていくのです。私は「なぜ、黄色だと、こうなるのだろう？」と疑問と不満を感じながら、子どもたちの様子に目をやると、Aちゃんのピンク色のドロダンゴはしっかり色を残したまま輝きが増しています。どういうことでしょう。

そこで私は、途中で黄色をあきらめ、そのダンゴをピンクの砂につけてみました。すると、すぐにピンク色になり、さらに輝きが出てきても、しっかりピンク色が残ったままでした。㉚

先生のきもち

私は、「いかに、輝く色つきドロダンゴがつくれるか？」ということに強く関心が向いてしまっていますが、こんな時は子どもたちとズレやすいので要注意です。

子どもたちにとっては、この「色スナ自体がおもしろい」ということこそ忘れてはいけません。「色スナをつくる」ことのおもしろさ。「色スナが自分の手でつくれる」ということの喜び。そうしたことを味わっているのでしょう。こうしたことを見落としては「なんのための色つきドロダンゴなのか」が見失われてしまいます。

5 モノからアートへ

黄色がうまくいかずピンク色に変更 ㉚

カラーバリエーションが豊富に ㉗

気づけば両手もピンク色 ㉙

ピンク色！ ㉘

そういえば……。先週、青と紫とでは、紫のほうが良い発色をしていました。ただその謎は結局、解明されないままです。

さて、ドロダンゴに魅せられた子どもたちと私によって、いくつかの「色つきドロダンゴ」がつくられました。

和菓子みたいな美味しそうなもの。しっかりと色を残しつつも輝きを放つもの。輝きを求めていくと、色が失われてしまったもの。いろいろなダンゴができあがったのです。

この後、「お泊り会」に向けての活動が生活の中心となっていきましたが、1学期終了まで、この色つきドロダンゴづくりは、Aちゃん、Mちゃん、Sちゃん、Rくん、Sくんたちによって続けられていきました。㉛

まとめ

それにしても、私がこれまで考えたこともなかった「ドロダンゴに色をつける」という発想。ただ、それを口にした当事者Uくんが、自分で「色つきドロダンゴ」をつくることはありませんでした。

しかし、クラスの仲間によって「どうやったら色つきドロダンゴがつくれるだろうか？」ということが実際に追求されていきました。そして見事に、色つきドロダンゴをつくりあげることができたのです。その過程をともにしたことに意味があるのではないかと考えています。

この、見た目にもインパクトのある「色つきドロダンゴ」は次の年の年長組の子どもたちにも引き継がれていきました。

その後、"色ドロダンゴをつくるキット"が市販されていることを知りましたが、そうしたものと、「自分たちでつくりだしたもの」は、まったく違う意味を持つのではないでしょうか。

㉛ ツヤの出た青色

 汐見先生のコメント

すごいことですね。日本の和菓子屋さんたちもこうしていろいろの色のお菓子を生み出してきたのでしょう。あきらめない。やり方を変えてみる。また、やり直す……。これこそが今、求められている「非認知能力」なのだと思います。そこで保育者が上手につなげていくこと、続けていくこと。これがどれだけ大切かが示されたと思います。

ドングリからボンドへ

ドングリで遊ぼう

　秋の遠足の翌日のことです。

　OくんNちゃん、Mちゃんたちのほか、何人かが家からドングリを持ってきました。「ドングリの中には虫がいることもあるって言うから、茹でてきた」「うちは冷蔵庫に入れて凍らせた」と情報交換する子どもたち。

　「これを使って、何かつくろうよ」という声が聞かれます。たくさん家から持ってきたMちゃんは「みんなで使いなって、お母さんが言ってた」とのこと。

　幼稚園にドングリを置いていった子どもたちの分と、私の拾った分も合わせて、自由に使えることにしようということになりました。(32・33)

　幼稚園に置いてあったものは"虫対策"をしていなかったので「これも、なんとかしたほうがいいんじゃない？」という声があがりました。

　冷蔵庫は職員室にありますが、保育室にはありません。仮に保育室内にあったとしても、冷蔵庫では子どもたちに「ドングリが変化する過程」が見えません。もちろん過程が見えたほうがおもしろいに決まっています。そこで、卓上IH調理器と鍋を使って保育室内で茹でることにしました（年長組は畑で野菜を育てていて、それを調理して食べる機会が多いため、各保育室にはIH調理器と鍋が置いてあるのです）。

　ドングリを茹でていくと、茹で汁が紅茶のように色づいていきます。

32 興味をもった子どもから始めていきます

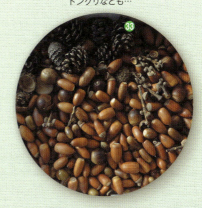

遠足の途中で拾ってきたドングリなども…

33

自由な遊びの場面なので全員が関わっているわけではありませんが、興味を持った子どもたちが「紅茶みたいだね」「いい匂いがする」などと、ここから先の展開を期待している様子です。

　ドングリだけでなく、茹で汁のほうにも子どもたちの関心が向いたので、これも冷ましてからペットボトルの容器に入れて、目につくところに置いておきましたが、その後、子どもたちの関心はこちらには向かっていきませんでした。

　Eちゃんは「図書館で借りてきた」という本を持ち出し、「ドングリの遊び方が書いてあるんだ」と言いながら広げています。Eちゃんが興味を持ったのは、ドングリを人形にして、空き箱などでドールハウスをつくるアイディアのようです。仲良しの友だちに「これいいよね？」と共感を求め、「じゃあ、つくろうよ」と誘いかけています。さっそく数人で、必要な素材を集めて遊び始めました。

ドングリでデザインを楽しもう

　板ダンボールとボンドを用意すると、子どもたちは、さっそくドングリにボンドをつけて、板ダンボールの上でデザインしながら楽しんでいます。ここまでは予想通りの展開です。(㉞)

　あんず幼稚園では、業者に板状のダンボールを発注して希望のサイズのものをつくってもらい、それを頻繁に使っていました。通常「板ダンボール」と呼んでいます。ただし、ここで使用したのはそれを再利用したもの。カッターで適当な大きさに切りました。

板ダンボールの上にドングリを置いて構成しています

先生のきもち

　この時点で、私はまだ、子どもたちがドングリをどういうふうに自分たちの遊びに取り入れていくのか、様子をうかがっている状態でした。私の見通しとしては、ボンドと板ダンボールを用意しておけば、板ダンボールの上でドングリを構成してデザインする遊びは始まるだろうと思っていました。ただ、それが、どの程度まで広がっていくのかは子どもたち次第です。

　そしてまた、ドングリを使った「よりおもしろい発想」が出てくるのなら、そちらに進んでいけばいいとも思っていました。

　私の持っている「ドングリを使って、こうする」というアイディアより、子どもたちの「ドングリを使って、どうする？」という動きを待つほうが、おもしろいことが生まれてくる可能性が大きいように思っていたからです。

しかし、一人ひとりが、どんなふうにドングリを構成するかは、その子どもの自由なので、「どんなものをつくってくるのか」となると、予想外のものが現れてくるかもしれません。私は、子どもたちがどんなふうにドングリを構成してくるのかを大いに期待していました。

しばらくすると子どもたちは「それぞれの発想で楽しんだ結果」を持ってきてくれました。(35)

ドングリを並べて、文字で自分の名前を構成するMちゃん。(36)

「ぼくが昼寝しているとこ。イビキをかいている」と、絵を描くように「自分とイビキ」を表現しているHくん。(37)

ほかにもそれぞれの子どもが、自分のアイディアを自由に表現しています。

ドングリを使ったアートは、シンプルで参加しやすいため、次々に参加者が増え、それぞれにデザインを楽しんでいます。

2人でひと組になって、ひとつの作品をつくっていく子どもたちもいます。また、ひとつの作品をじっくりとつくって満足する子どももいますし、「次はこうしてみよう」というアイディアがどんどんわいてくる子どももいます。すると、ひとつではおさまらずに、2つ、3つ……と、つくり続けていきます。

子どもたちの様子を見ながら、しばらく場所と材料を設定しておくと、翌日も、その次の日も……と、しばらく作品づくりが楽しまれていきました。(38・39・40)

汐見先生のコメント

面白かった時の子どもたちのアイディア力には、目を見張らされます。あるプロの芸術家はアイディアが枯渇してきたら、子どもたちの遊びや作品をみに行くと言っています。乗ってきた時の子どもたちのアイディア力は見事ですが、それを見事！ と感じる保育者がいてこそなのです。

直感で構成された作品

(35)

作品名「自分とイビキ」

(37)

いろいろな花

(39)

自分の名前をつくった子どもも…

(36)

ベッドで寝ているところ

(38)

「ウサギの物語」も

(40)

素材が増えたら、どうするのかな？

　新たな素材が増えたことで、さらに興味を持った子どもたちは、素材同士を組み合わせることに熱中していきます。「イス」「テーブル」「階段」などがつくられていき、より立体的な作品が増えていきます。㊶〜㊹

　YくんとUくんは、2人で合作しています。

　ドングリを扱っているうちに「これは振ると音がする。こっちは音がしない」と、音の違いに興味を持ったようです。音がするドングリだけを集めて並べていき、枝なども構成して「ドングリ楽器ができた！」と嬉しそうです。ボンドが乾いたら演奏しようと考えているようです。㊺

先生のきもち

　私は、子どもたちの姿を見ながら『こんなにノッているのなら』と、とっておきのモノを放出しました。それは、庭木の剪定をして切り落とした枝をスライスしたもの、松ぼっくり、小枝などです。いつか使う日があるだろうと箱に入れたまま2年。ついに日の目を見る時がやってきました。㊻

　これらを素材としてプラスすることで発想の幅が広がるはずです。さらに魅力的な作品が生まれてくるだろう……そう考えるとワクワクしてきます。

工房化する保育室

作品が立体化していきます

とっておきの素材が登場

階段

テーブル

ドングリ楽器

マーカーも持ち出しました

また、これもクラスの共有物で子どもたちが自由に扱えるものですが、棚から水性マーカーを持ち出して素材に描き込みをする子どもも現れました。(㊼)
　ドングリや枝のスライスは、丸いカタチをしているためか、顔を描き込みたくなるようです。ボンドで貼り付けていくこともしていますが、人形をつくって「ごっこ遊び」をする姿も見られます。(㊽〜㊹)

　しばらくすると、水性マーカーを使った描き込みはドングリなどの素材にだけでなく、板ダンボールへの描き込みも見られるようになりました。
　また、新しい素材に「小枝」があったことから、それが全部使われてしまうと、「もっと小枝を使いたい」と、庭から拾ってくるという動きも生まれました。
　庭に出てみると、ちょうどハナミズキが赤い実を落としています。ツヤツヤととてもきれいな赤で、それもまた活用されていきます。(㊺・㊻)

先生のきもち

　誰かの発想したことが、別の誰かに取り込まれたり、刺激を与えたりして、また新しい発想が生まれる、という循環が起こっていきます。
　その背景には、素材が子どもたちに「こんなふうに使ってみてよ」「こんなふうに使うとおもしろいよ」と語りかけてきているという側面もあるでしょう。
　子どもたちを見ていると、素材に誘われて「つい、こうしちゃった」という動きが少なくないからです。

5　モノからアートへ

うさぎのイス

ドールハウス

庭で拾った枝も加えて…

板ダンボールを組み合わせて…

牛乳パックと木の実のコラボ

ハナミズキの実も活用

さて、これほど多くの子どもが楽しんでいるのなら……ということで、私は「これまでにつくったものを壁に飾って、ドングリ美術館にしちゃおうか？　きっと、小さい子たちがこれを見たら素敵だなって、喜ぶと思うよ」と提案しました。そして「まだつくっていなかった人も、つくってみて」と呼びかけたのです。

その結果、ドングリ美術館には素敵な作品が並びました。(54・55)

一方で、これまでの作品づくりが終わったわけではありません。

ここまでは、特に驚くような展開はなかったのですが、実はここから、話が意外な方向へと進んでいくことになるのです。

新しいアート技法のきっかけ

Aちゃんが板ダンボールの上に、たくさんの素材をくっつけています。

子どもたちの中には「余白を楽しむタイプ」と「余白をなくしてしまいたいタイプ」とがあるようですが、Aちゃんは、余白を埋めたいようです。そして、ハナミズキの赤い実を枝のスライスの上に重ねています。おそらくその時、ついボンドを出し過ぎてしまったのでしょう。みなさんもご存じのとおり「木工用ボンド」は、はじめは白色ですが、乾いてくると次第に透明になっていきます。

作品を見てみると、接着するには多すぎる量のボンド。その上に赤い実が載っています。(56・57)

きれいな赤とのコントラストで、ボンドの白い色、ツヤが、なんとも美しく、まるで「生クリーム」のように見えてきます。確かめはしませんでしたが、きっとAちゃんの目にも、それは「生クリームに見えちゃった」はずです。

先生のきもち

私は、Aちゃんのつくっているものから「ボンド」が「生クリーム」に見えてしまいました。

同時に『普通の幼稚園なら、無駄づかいしちゃダメだと言われるだろうな』とも思いました。

ボンドは板ダンボールと素材を、あるいは素材と素材を「接着するための道具」であって、接着という目的についていえば明らかに「出し過ぎ」だからです。本来の「目的」を考えれば、「適量を使うこと」について指導する必要があるでしょう。

ボンドの白が美しい

ドングリ美術館

みんなの作品が並ぶ

ボンドが生クリームに見える！

はじめはきっと「偶然、出過ぎてしまったボンド」を、次にAちゃんは「意図を持って出してみた」はずです。

2日が過ぎました。
　Aちゃんの作品の中にあった「生クリーム」は次第に乾いていき、透明になっていました。もう「生クリーム」らしさがありません。するとAちゃんは、透明になったボンドの塊に水性マーカーで色を塗り始めたのです。きっとここにも合理的な理由があるわけではなく「塗りたくなっちゃった」から色を塗った、ということだろうと感じられました。(58・59)
　透明なところに水性マーカーで着色すると、光が入り込んで、美しさを感じさせます。そしてAちゃんは、色を塗った上から、さらにまた、ボンドを落としていったのです。(60)

そうなると、もうここはAちゃんの実験室のようです。
　ボンドが乾いて透明になったもの。そこに着色したもの。着色した上にさらにボンドを落としたもの。それらの違いから、何かを見つけようとしているようです。時間が経つと、2重のボンドが乾き始め、白の下から、着色した色が現れてきます。Aちゃんはボンドの色の変化とマーカーの色が織りなす、色と光の美しさにすっかり魅了されているようでした。(61・62)

先生のきもち

「生クリームに見えちゃった」瞬間、ボンドは「道具」から「アートの素材」へと存在の意味を変えたのです。
　「アートの素材」となったからには、もうこれは「出し過ぎ」ではないでしょう。
　私はそう考えて「この先、どんなふうに展開していくのだろう？」とワクワクしてしまいました。

5　モノからアートへ

すごくキレイ

ボンドが乾いて透明になった上に、マーカーで着色

さらにボンドを重ねる

夢中…、集中…

アート技法の発展

「Aちゃんの、すごくキレイ……」

Aちゃんの作品を見て、Cちゃんがうっとりしたように言葉をもらしました。

ハッキリとしたことは言えませんが、こういう美しさに敏感に反応するのは、たいてい女の子です。そしてCちゃんは、Aちゃんの作品から重要なエッセンスだけを取り出しました。つまり、もうドングリや枝のスライスなどの素材は必要ないのです。必要なものは、ボンドとマーカーと板ダンボールの３つです。

Cちゃんは板ダンボールに直接、絵や模様を描き、そこにボンドを塗っていました。そして、待ちます。(63・64)

ただ私は、Cちゃんが「見て」と作品を持ってきた時、それがどんなものになっていくのか想像できませんでした。Cちゃんがつくっている過程をジックリ見ていたわけではないからです。(65)

実はこの時期、年長組では、生活の中心となっている活動があります。全園児で取り組む「まちのあそび」に向かって、クラスの仲間と力を合わせて、自分たちの考えたテーマで遊べるモノをつくろうという活動です。

翌日。Cちゃんの作品に塗られていた白いボンドが乾いてきて、その下にあった絵が見えていました。イチゴや花、ハートや星などが描かれていました。(66・67・68)

先生のきもち

そうです。この新しいアート技法は、ボンドが乾くまで待つ必要があるのです。こうしたことを特別な努力を必要とせずに楽しめる背景を私は考えてみました。

そして、たどり着いたのが「この時期の子どもたちには、もう、数日のスパンで『こうしたら、こうなるだろう。そしたら、次にこうしよう』という見通す力を持つようになっている」ということです。

技術的に難しいことをしているわけではありませんが、間に「待つ」ことを組み込めるのは、この時期だからではないかと考えます。

みかんとイチゴ

翌日になってもこの状態

新しいアートに挑戦

板ダンボールとマーカーとボンドで

この状態では何を描いたのかよくわからないけれども…

↓

ボンドが透明化すると描いたものが出現！

Cちゃんは、その透明になってきたボンドの上から、さらに水性マーカーで色を重ねます。「白いところに塗るとイチゴジュースみたい」と言いながら、楽しそうに着色しています。

私にとっては何の絵を描いているのかわからないものもありましたが、Cちゃんが「これは〇〇」と言ってこないものについて、わざわざ「何を描いたの？」と聞くようなことはしません。

Aちゃんの作品から刺激を受けて始めたCちゃんの作品づくりですが、今度はKちゃんに刺激を与えることになりました。

K「Cちゃん、どうやったの？」

C「最初に、好きなものを描くの。それから、ボンドを塗っていくの」

そんなやりとりがあって、Kちゃんも挑戦します。

ボンドを塗り終えると、私に向かって「明日になったら、ここに色を塗るの」と説明しつつ、「は〜っ……難しいな」とつぶやきます。(㊉)

描いたものの上にピッタリと合うようにボンドを重ねていくことが、思いのほか難しかったようです。

Yちゃん、Sちゃん、YくんとUくんたちも、それぞれボンド、板ダンボール、マーカーの3つを使って、試行錯誤を始めていきました。

Cちゃんは、紺色で三角形に描いたものを示して、

「ねー、ダイヤ。すごくキレイでしょ？」と、満足そうな笑顔で、私に同意を求めてきました。(㊉)

先生のきもち

『これ、ダイヤだったんだ！』と、私はこの時、ようやく気づくことになったのですが、言われてみると宝飾用にカットされたダイヤモンドのようです。それはたしかに、光の当たり具合によってキラキラと輝いています。

5 モノからアートへ

明日になったら、ここに色を塗るの

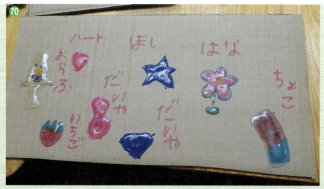

ボンドが乾ききって完成

「キレイ」の探求

　それから、1週間ほど後のことです。

　Cちゃんが、ひとつの板ダンボールに描いたいくつかの作品をハサミで切り取り始めました。(71・72)

　私が、何を始めたのだろうかと注目すると、それに気づいたCちゃんが説明してくれました。Yちゃんからボンドと板ダンボールとマーカーでつくったものをプレゼントしてもらったから、そのお返しをしようと思って、「作品」のひとつを切り取っているとのことです。

　Yちゃんは、幼稚園でこの作品づくりをやっていたのは1日だけでしたが、聞いてみると、家でお母さんにボンドや板ダンボールを用意してもらって、日々つくり続けていたとのこと。

　そのうちのひとつをCちゃんにプレゼントしたというわけでした。

　Cちゃんは、Yちゃんのために作品を切り分けることがキッカケとなり、それから、作品をひとつずつに切り分けていきました。そして、私にもその中のひとつをプレゼントしてくれました。ボンドと板ダンボールとマーカーでつくりあげた、ステキな作品です。まるで職人さんが丹精込めて磨き上げた宝石のようにキラキラと輝いていました。(73・74・75)

Cちゃんの作品

まとめ

「ドロダンゴ」に色をつけるという発想に、私は最初、ついていけませんでした。「ドロダンゴは土の色」という概念ができあがっているからです。

「ボンド」にしても、私にとってそれは、モノとモノを接着するものです。さらに「木工用」なので、主に木材と木材を接着するときに使っています。「そういうものだ」と思い込んでいます。「これは、こういう使い方をするモノ」ということを、これまでの生活の中で学んできています。

保育者の役割のひとつは、そうした知識を子どもたちに伝えていくことです。しかし、一方で、そうした知識がまだ固定していない子どもたちは、そのモノとの対話から、そのモノとの新たなかかわり方の可能性を開いていきます。この両方のバランスのとり方が、保育の難しさであり、おもしろさであるように思います。

汐見先生のコメント
新・保育所保育指針・幼稚園教育要領の視点で見てみると…

フーム！　子どもたちの発想の面白さ、豊かさに感服ですね。

これは子どもたちにとっては「遊び」なのですが、遊びは着火するまであれこれ試したり、失敗したりするだけですが、あるアイディアが浮かんでやってみると、面白そう！　となった段階で、本格的に着火します。「遊び始め」から「遊び込む」段階に移るのです。そして、いざ着火すると、「ワーッ」と燃え広がって、どんどん新しいアイディアや作品が生まれていきます。その創造性は大人には真似できないものがあります。大事なのは、そういうことを期待して、気長に着火活動を支える保育者のかかわりです。そうして生まれた「作品」を「見事！」と思う感性とともに、子どもを育てる場としてのアートということに改めて考えさせられた実践です。

発見！その6 Sくんの学びの物語

　幼稚園では、保育者たちが考えた「保育計画」を持っています。子どもたちの育ちや学びを促すために必要な環境を考えて用意し、活動を練り上げています。その一方で、一人ひとりの子どもたちが持つ興味・関心があります。保育者がそうしたことに耳を傾けていこうという姿勢を意識することで、いろいろなつぶやきが聞こえてきます。

　今回は1人の子どものつぶやきから、クラスのみんなで考えを出し合ったり、保育者が実験を促したりして進んでいった実践です。年長組の1学期の話し合いの様子がよくわかると思います。そして、はじめにつぶやいたSくんによる「Sくんの学びの物語」から幼児期の学びを考えてみます。

Sくんのつぶやき（6月25日）

　朝、Tくんが、家でつくってきたバイク（ヤクルト容器とペットボトルのフタを使ったもの）を私に見せてくれました。バイクなので2輪ですが、私が写真を撮るために床に置いてみると、それは安定して自立します。（写真❶）

　私が「これ、立つんだ」と言うと、近くにいたSくんが「ぼく、思ったんだけどさ、タイヤが太いほうが倒れにくいんじゃないの？」と返してきます。

　すると、Sくんは続けて「今、こんなことを考えている」と告げてきました。「どんなこと？」と聞いてみると、「海の下には砂があるのに、どうして上の水は汚れていないんだろう？」と。

　この日は、水遊びをしていたほかの子どもたちも「水が流れて川になっていること」「その水が温かいこと」「さかのぼっていくと、温かいところと冷たいところの境目があること」などを発見していました。（❷・❸）

　そこで、クラスのみんなが集まった場面で「なぜ、こっち（下流）のほうは温かくて、こっち（上流）のほうは冷たいんだろう？」と問いを投げかけました。

　それに対して、いろいろな意見が出されてきます。ひょっとすると、Sくんの問いについても関心を持つ子どもたちがいるかもしれないと思いました。そこで、「Sくんが、朝、こんなことを言っていたんだけど……」と、文字と絵を描いて問いを示してみました。

先生のきもち
　私はSくんの言葉を受けて、『こうした気づきが素晴らしい。でも、きっと子どもたちはそうしたことを、口にしなくてもいっぱい考えているはず。それを、『価値あることなんだよ。もっと伝えてよ』とアピールしていきたいな、と考えていました。

先生のきもち
　なんという問いを抱えているのでしょう。実におもしろい問いです。私が「おもしろいことを考えているね〜！」と言いつつすぐにメモをとると、Sくんは照れたような表情ですが、メモしていることを確認するようにジッと見ていました。私は『でも、この問いに興味を示す子どもは、ほかにもいるのかな？　たぶん、関心を持たない子どものほうが多いだろうな』とも考えていました。

6　Sくんの学びの物語

❶ Tくんのつくってきたバイク

水遊びをしていると川ができる

子どもたちは水温の違いを感じ取っていた

すると、Sちゃんがすぐに、「水がいっぱいあるからじゃないの？」
それに続いてTくんが「深いから」と、自分の考えを表明しました。
Mくんは「海には魚がいるじゃん？　魚が（土が上にあがってくるのを）おさえているんじゃないの？」と言います。それを受けて「海には魚がいっぱいいるからね」という発言もありました。（❹）

関連する疑問・考え合うおもしろさ（6月26日）

　Sくんが家から図鑑を持ってきて、Rくん、Yくんたちと熱心に「深海魚」を調べていました。
　私はその絵を見て「Sくんが『海の下のほう』に意識が向いた」理由がわかりました。日常生活では見ることのない海底が、身近にある川とつながったものとして示されていたからです。自分の世界と未知の世界である海底とのつながりは、Sくんにとって大発見だったことでしょう。（❺）
　帰りの支度をしている時のことです。
　突然、誰かが「海の水は、なんでしょっぱいんだろう？」と言いました。
　それに対して、「塩が入っているから」「誰かが塩を入れたんじゃん」などと、それぞれが考えを口にしていきます。
　私も加わり「誰かって誰？」と問うと、「昔の人」という答えが返ってきます。
　Sくん「わかった！　海の下のほうってさ、塩なんじゃない？」
　Sちゃん「塩だけ上のほうにあがってきて混ざってるんじゃない？」

先生のきもち

　Sくんが「今、こんなことを考えている」と打ち明けてきたのは、その前の「タイヤが太いほうが倒れにくいんじゃないの？」という発言を受け止めたことと無関係ではないでしょう。S君は『そうした考えを受け止めてくれるなら、この考えも受け止めてくれるのではないか』と感じたのだろうと思います。
　この「子どもたちがふだん考えていること、ふと思いついたこと、疑問に思ったことを、先生は価値あることだと考えている。そして、それを受け止めたがっている」というのは、大事なことです。それがベースとなっていれば、子どもたちがどんどん自分の考えを表現していく「クラス文化」につながり、さらに確かなものへと発展していきます。私が望んでいるのは、そういうことです。

「対話の記録」。
壁に貼っておきます

Sくんたちの関心を惹き付けていた図鑑

庭の土と水を混ぜたもの。窓際に放置します

　こうして、どんどん話が展開していきます。いろいろな子どもが「はい！」と手をあげ、発言したがっています。ふだん、クラスの話し合いであまり発言しないKくんも目を大きく見開いて発言の機会をうかがっています。そして、そのKくんが一生懸命みんなに意見を伝えています。
　ただ、その日は残念なことに時間がなく、「明日、また、続きをしよう」と打ち切らざるを得ませんでした。

ペットボトルで実験してみよう（6月27日）

　私は一昨日、昨日のことを受けて、「これは実験してみるとおもしろいかも」と思っていました。
　この日は7月5日の「お泊り会」で使う、係のバッチづくりをする予定でしたので、時間的に実験をするゆとりがありませんが、はじめに仕掛けをつくっておいて、その部分は子どもたちとじっくりやらなくてもいい状態にしておけばできると判断して進めることにしました。
　2ℓのペットボトル容器も手に入ったので、近くにいる子たちに対して「実験するよ」と趣旨を説明します。
　「ここに砂と水を入れて、どうなるか見てみれば、何かわかるんじゃない？」ということで、庭の砂・土を適当にペットボトルに入れ、その後、水道の水を注いでいきました。見ている子どもたちも「いっぱい入れて」「入れたら振って」などと言ってきます。
　振るまでもなく、上から下まで泥水状態ですが、「じゃあ、これに触らないで、どうなっていくかを見てみよう」と、窓際に置きました（9時24分）。❻
　時々それを見て、Kくんたちが「だんだん透明になってきている」と報告してくれます。12時過ぎ、ハッキリと透明度が増してきていることに気がついたSくんが言います。「土とか投げて、真っ黒になったから取って、取りきれないから、放っておいたらキレイになった」と。海の水の状態についての仮説です。
　しかし、私が「なんで、放っておいたらキレイになるかって、そこが問題だよね」と返すと、「……」と沈黙。
　そして、12時15分。
　弁当の用意をしたところで、Zくんが「水は透明でしょ？　なのに、なんで海の水は色が違うの？」と言ってきました。

先生のきもち

「海の水は、なんでしょっぱいんだろう？」という疑問は、明らかに前日のSくんの発した疑問から触発されていると考えられました。仲間の抱いた疑問を引き受けることで、新たな疑問が生まれてきます。それを発信することで、またクラスの中に広がっていきます。こうした動きが、一人ひとりの「学び」にとって、それを下支えするものとなるのでしょう。
　大切なことは、それがそれまでの生活の何とつながっていて、今後現れることの何とつながっていくのか、ということをまとまりとして捉えていこうとする視点です。そうした視点で見ていくことで、次の展開が生まれてくる（見えてくる）のではないでしょうか。

それに対してはSちゃんが「太陽が当たってるからじゃん」と答えています。ただ、Yuちゃんが「味噌とピーナッツの研究もしたい」(これは朝、食べてきたものだったようです)と、別のことについて発言したため、話題が移ってしまいました。

12時30分。弁当を食べ終えたYzちゃんがペットボトルを見て「上のほうにゴミがある」と報告します。たしかに落ち葉のカケラなどが浮いています。

12時37分。Yoくんが「あー、普通の水になってきてる」とつぶやいています。

これは、帰りの集まりでも話題にして、「明日になったらどうなっているか、また見てみよう。それまで動かさないようにしてね」と子どもたちに伝えると、「先生もね」「振らないでよ」とKくんたちが返してきました。

ペットボトルの中味の変化(6月28日)

その日の朝、私は保育室の真ん中のテーブルの上に、昨日の実験の9時・12時・13時の時点での写真を展示しておきました。(❼・❽・❾)

実験中のペットボトルは、すぐそばの窓の前に置いてあります。そうしたこともあって、子どもたちは登園すると、ペットボトルの様子に目をやっています。(❿・⓫)

Zくんが「上のゴミが下にいってる!」と気づいて声をあげています。その声を聞いて目を向けたRくんは「(水が)白い!」と叫びます。

Yoくんはペットボトルに触れて「(指先で)ちょ〜んとしたら、(浮かんでいた落ち葉などが)落ちた」と言っています。

先生のきもち

結局、土などは重いため水に沈むということでしょう。落葉のカケラなどのゴミは、軽いために浮きます。

子どもたちはそこに気づくでしょうか? また、今、気づく必要があるでしょうか? 気づかせる必要はあるでしょうか?

もしかしたら、問い(不思議)を抱えたままでいるほうがいいのかもしれません。

この時点で、明確な答えは持っていませんでした。けれども、私は、この悩みを抱えたままでいたいと思いました。そして、子どもの様子からその答えを探っていきたいと考えていました。

遊びながらも、ペットボトルを気にしているKくん

9時24分 / 12時37分 / 13時31分 / 翌日

実は、朝、子どもたちの登園前に私が写真を撮ろうとペットボトルを動かした時、浮かんでいた落ち葉などが沈み始めたのです。さほど振動を与えたわけではないのに動きがあったので『余計なことをしてしまったか』とドキドキしましたが、『なぜ、この時間になって沈み出すのか？』と不思議に感じていました。

　そして、そのことに気づくとは、子どもたちはよく見ているのだ、と改めて感じさせられました。

　12時47分。子どもたちが自由に遊んでいる時間帯です。私がペットボトルを窓の前から部屋の真ん中のテーブルの上に移動すると、それを見てSaちゃんが「なんでここ（下のほう）だけ黒いの？」と不思議がっています。⑫

　近くにいたYoくんが「砂だから」と返します。

　私は『それじゃあ、かみ合っていない』と思い、「なんで、ここだけ、砂なの？」と、Yoくんに問います。

　それを受けて、Saちゃんが「昨日は、こっち（上のほう）も砂だったじゃん！」と言います。

　私が会話をメモしていると、Yoくんも紙と鉛筆を持ってきて「なんで、下に土があるのか？」と言いながら、それを文字にして書き込んでいました。

　そこからYoくんとHくんの2人がいろいろな実験をしていきました。

　虫眼鏡を持ってきて、浮いているゴミが何なのか調べています。また「透明っていうけど、どのくらい透明なの？」という話になったので、私が「じゃあ、もうひとつペットボトルを持ってきて、比べてみる？」と提案し、水道水のみを入れて隣に並べ、比較できるようにしました。⑬

汐見先生のコメント

このあたりの姿勢、態度、そして実際の行動の仕方は立派な科学者ですね。幼い頃に「わからなければ実際に調べればよい」という態度を身につけると、人生をていねいに創ることができるように確実になると思います。そして、わからないときは、安易にネット情報に頼らないで、自分で納得のいくように調べるという姿勢も身につけるでしょう。
しかし、実際は学校で、そうした「調べる、議論する、疑う」という姿勢が次第に失われていくのかもしれません。考えさせられる実践ですね。

「ドロ水が透明化してきたもの」と「水道水」

ドロ水が透明化してきたもの

水道水

ペットボトル越しに鉛筆を眺めています

思わぬ展開(同日)

　昨日からの実験で、ある程度、水が透明になってきたので、帰りの集まりでこのペットボトルを見ながら「なぜ、水がきれいになったのか?」「どうして放置しておくと水がきれいになっていくのか?」「ゴミ・水・土が分離したのはなぜか?」というようなことを話題にしようと私は考えていました。

　ところが、なんということでしょう。その時になってみると、水が明らかに透明度を失っていました。というよりも濁っていたのです。

　私は目を疑いましたが、すぐに思い当たることがありました。『どうやら、Aちゃんが動かしたのだろう……』

　私の推測はたぶん当たっています。しかし、子どもたちを責めることはできません。Aちゃんが動かしたくなることが予想できたのに、動かしたくなる場所に置いたままにしたのは私だからです。落胆しつつも、私は、ことを進めることにしました。

　クラスのみんなで集まり、ペットボトルをみんなの前に持ってくると、こちらが話をするより先に子どもたちが気づいて声を出しました。Mちゃんが「お弁当の時と違う!」と驚いたように言います。ほかの子どもたちも「茶色くなってる!」「もっと白かったのに!」と気づいたことを口にします。そこで、私が「誰かが、これを動かしちゃったみたい」と言いつつ、気持ちを立て直して「なんで、動かすと茶色くなるんだろう?」と言いました。すると、子どもたちから「もっと振ってみたら?」という声が出て「それがいい」というムードになりました。

　私が考えていなかった展開ですが『それもおもしろそうだ』と思い、「じゃあ、振ってみるよ」と宣言して、子どもたちの注目をペットボトルに集めてから一気に振ってみせました。

　子どもたちはそれを見て、「おー!」「マジックだ!」と喚声をあげます。そして「コーラだ、コーラだ!」「コーヒーだよ」「泥水だ!」と口々に言います。

　私が改めて「どうして、こんなコーラみたいな色になったんだろう?」と問いかけてみると、Sちゃんが「泥が混ざったからだよ」と言います。Saちゃんも「土が混ざったから」と言います。

　私が「土って、どこにあった?」と返すと、Yzちゃんが「下!」と答えます。そしてSくんが「こういうことじゃない?　上のゴミが下にきて、下の土が上に混ざった」と言います。Zくんは「上にあったゴミが下にいって黒くなったんじゃないの?」とやや違う

先生のきもち

　私は『これを再び振って混ぜれば泥水に戻るということは当然の結果であり、子どもたちにとっても驚きに値することではない』と考えていました。というよりも、当然と思っているので、考えてすらいなかったというべきでしょう。

　ところが、ペットボトルの中味が目の前で泥水に戻ると、子どもたちは歓声をあげました。考えてみればそうなるだろうとわかることでも、実際に目の当たりにしたことによる驚きというものだったのでしょうか。

　それにしても、子どもたちの驚きには私のほうが驚かされました。それをここで感じたことが、今回の学びを一段深めることにつながったように思います。子どもたちにとっても、そして、私にとっても……。

意見です。Aちゃんも加わり「振ったら、黒くなった」と言います。Kaくんは「上にあったゴミが消えて、黒くなった」と言いますが、これには「？」というムードです。すぐにSくんが「こういうこと？　上にあったゴミが下にきて、混ざったから水が黒くなったっていうこと？」と、Kaくんの言いたいことを確かめようとしています。

　ここで時間切れです。「じゃあ、このまま置いておいて、月曜日にどうなっているか見てみよう」ということで終わりました。

「重さ」とは？　結果を受けて話し合う（7月2日）

　さて、みんなで集まったところで、6月25日の子どもたちの言葉を書き留めておいたものを示して、
「あの時、Sくんが『海の下は土とかなのに、なんで上のほうは汚れないのか？』って言って、Tくんが『深いから』、Sちゃんが『水がいっぱいあるから』、Mくんは『魚がいて、土が上にあがってくるのを止めているから』って言ってたよね」と確認します。
　そして、あのペットボトルをみんなの見える位置にそっと持ってきます。
「ここには魚がいないけど、Sくんの言ったとおり、下に土があって、上のほうは汚れてないね。なんでだろうね？」と、再び問いかける私。

　Sくんは「じゃあ今度は、水を少なくして実験してみる」といいます。ほかの子どもたちの発言を受け止めて、そこからその先を考えていることがわかります。
　すると、Yuくんの「水が砂を押さえている」という発言があります。
　私は『あれっ？』と自分の考えと子どもの捉え方のズレを感じました。
　私の戸惑いをよそに、Yuちゃんが「土が軽いから、下がる」と言います。
　私は『"軽いから下がる"とは、どういう"理論"なのだろうか？』と混乱してきました。
　ZくんはYuちゃんの発言を受けて「土が軽いなら、水を押し上げるんじゃない？」と言います。
　そしてKくんが「土が重くなって、下にいったんじゃない？」と言います。
　Zくん、Kくんの意見は、私が導きたかった答えです。
　しかし、一人ひとりの考えは、そう簡単にそこに向かうわけではないようで、もっと子どもたちの発言を聞く必要があります。
　それにしても、実におもしろくなってきました。

先生のきもち

　ペットボトルの中は「土が下に沈み、水が上に」と分離が進んでいます。私は、それを眺めながら、考えていました。
　──子どもたちと一緒にこれを目で確かめながら、なぜかを考え、「土は重いから下に沈み、土より軽い水が上にいく。だから、下に土があっても、上は汚れない。キレイな水になる」という答えにたどり着いてもいいのではないか。
　時間は十分にかけてきた。しかし、子どもたちはモノの「重さ」に自覚的でないかもしれない。そこで、「重さ」に目を向けるために、目の前で何かを落として見せて、「なぜ、物は下に落ちるのか」を問うてみようか。あるいは、「カップに水を入れてそこにビー玉を落としてみてはどうだろうか」……こうしたことが刺激になるのではないだろうか──。
　『なんだか、理科の授業のようだ』と思いつつも、そう考えていました。

6 Sくんの学びの物語

「ここがポイントだ」とワクワクしてきます。

　子どもたちに、私の"考え"がグラグラと揺さぶられているのです。この感覚が、なんともいえない瞬間です。私は神経を研ぎ澄まして、子どもたちの発言の真意を素早く、かつ正確につかもうとしました。

　Yoくんは「水が……土が固まってるから、上にいかないんじゃないか?」と言います。

　なるほど。「塊として捉える」ということでしょうか?

　Sちゃんは「下には塩がたまっていて、塩と水が絡まって、それが上にいく」と言います。これは27日の「海の水はなんでしょっぱいんだろう?」という話題の時に、Sくんの発言を受けて、Sちゃんが言っていたことです。

　ただ、このペットボトルの中には「塩」は入っていないので、私はSちゃんの発言を受けながら「でも、ここには塩は入ってないよ」と、やんわりと指摘します。

　次いでSくんが「下に土がないと、一番下までいっても、足がつかないから(下に土があるのだろう)」と言います。この見方も完全に想定外だったので、私は「なるほど」とうなりました。

　彼は「自分が海底に潜っている」ことをイメージして考えているのでしょう。目の前にあるのはペットボトルと私の描いたつたない絵ですが、Sくんの頭の中では海底のビジョンがハッキリと描かれているのかもしれません。

　Mちゃんは「水が重いから、土が出ていけないんじゃないの?」と言います。「重いのは土ではなく水のほう」という発想です。

　さらにMくんが「土が重たくて、水が上にあがってるから、水が、海……上にあるってわけは、土がいっぱいあって……、普通の海の色は、水色じゃん。……なんだか、わからなくなっちゃった……」と混乱しているので、私が「土が重たくて、水が上にあがってるから?」と少しだけ助言すると、「土が重たいから、海(水)が上にいっちゃう」と最後までたどり着きました。

　Sくんはすぐに「それはKくんと同じじゃん」と言います。仲間のたどたどしい意見をしっかり捉えています。⑭

　私は子どもたちの発言を聞きながら、『何が重い、何が軽い』ということをどう捉えているのだろうか?　という疑問を持ちました。そこで、「ちょっと実験してみようか?」提案をもちかけます。

　直径5.5センチ、深さ3.5センチのカップに水を入れて、適当に持ってきたペットボトルのフタ(直径3センチ)を「入れたらどうなると思う?」と問いかけます。⑮・⑯

　すると、子どもたちは「沈むと思う」「浮かぶと思う」と口々に言います。そこで、ア

ンケートをとると「沈む」という意見が多く、「浮かぶ」は少数です。

「じゃあ、やってみよう。3．2．1．ジャンゴ！」と、ペットボトルのフタをカップに投入します。

それは沈まずに浮いています。

「お～！」「あ～っ」と、さまざまな声があがります。

私は「浮かんだね」と確かめます。

SくんはTくんに「違ってたじゃん！」という合図を送っています。Tくんはその結果に困惑しながらも「おかしいな。ごめん」という仕草。

私は「じゃあ、これは？ 拾ったクレヨン」と、片付けの時に拾った、長さ2センチくらいの折れた水色のクレヨンを示してみます。これも、子どもたちの予想は半々に分かれました。

「じゃあ、やってみよう！ 3．2．1．ジャンゴ！」と私。

手を離すと、それは沈んでいきました。また、さまざまな声が漏れます。誰かの「大きいと浮かぶんだ！」という仮説を唱える声が響きます。

そこで私は「じゃあ、この小さく切った紙は？」と、用意していた紙スプーンを1センチ四方にも満たない大きさにちぎって示しました。「小さいから沈む！」と、さきほどの仮説を受けた意見が聞かれます。

意見は分かれているなか、「ダメだよ、Sくん！ 両方に手をあげてるじゃん」という声があります。Sくんは照れ笑いです。私はそれを見て、「これは、当たった、当たらなかった、じゃなくて、自分はどう思うかって考えることが大切なことだからね。よく考えて」と訴えます。

そして3度目の実験です。小さく切った紙は浮かびました。

仮説に反する結果となり、またまた、さまざまな声があがります。

汐見先生のコメント

「何は浮かび、何は沈む」……この単純な事実から、実に豊かな化学的・物理学的法則が発見されてきました。卵は沈みますが、塩を溶かしていくと浮かんできます。温度によって浮かんだり沈んだりするものもあります。塩で浮くものは、砂糖を溶かしたらどうか。アルコール水に浮かせたらどうか……。私たち大人もよくわかっていないことがいっぱいです。それを素朴に確かめていく子どもたちの探求心は、やはりすごいと言わざるを得ません。

6 Sくんの学びの物語

水に浮かぶものと沈むものを調べます

思いつきの実験道具

「対話の記録その2」。
ふと目に入るため、考え続けるきっかけになります

最後に、私は目のつくところにあった重そうなもの（安全ピン）を示して「これはどう？」と問いかけます。

これは沈みました。予想は半々だったため、喚声が響きました。

ここで、ひと区切りです。実験を終えて給食の準備を促しました。⓱

「水と土はどっちが重い？」（7月10日）

2日の「ペットボトルの中に入れた土と水は、下に土、上に水と分かれていった。それはなぜか？」という話し合いで、「水が砂をおさえているから」「水が重いから、土が出ていけない」という意見、つまり「土より水が重い」という意見がありました。

その一方で「土が重くて下にいった」という意見があり、また、それとは逆に「土が軽いから下にいった」という意見もありました。あれから1週間ほど経っていますが、年長児たちの意識の中にはしっかりと継続しているはずです。

そこでこの日、給食の前の時間に、改めて2日の話し合いを振り返り、「土と水ではどちらが重いのか？」という問いが浮かんできたということを確認しました。

そのうえで私は「どちらが重いと思うか？」と投げかけてみました。すると「土のほうが重い」という子どもは5〜6人、「水のほうが重い」という子どもは10人くらい、ハッキリしていない子どもたちも何人かいる、という状況でした。「水のほうが重い」という子どものほうが多いという状況をおもしろく感じました。

先生のきもち

「土は水より重いから沈む」という結論を確かめようと考えていた私は、多くの子どもたちと「ずれていた」ということがわかりました。

幼児期において「重さ」という概念は、どうつくられているのでしょうか。そうしたものは曖昧なままなのでしょうか。

自分の手に持って感じるなど、身体で感じる「重さ」はわかっていても、「何が水に沈み、何が水に浮くか？」という「重さ」概念は、それとは別物ということでしょうか。

さて、今回の一連の実験で、私は何がしたかったのでしょうか。子どもたちに何を伝えたことになるのでしょうか。それをしっかりと考察しておく必要がありました。

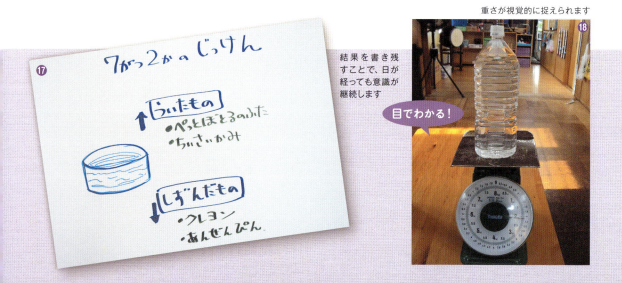

⓱ 結果を書き残すことで、日が経っても意識が継続します

⓲ 重さが視覚的に捉えられます

目でわかる！

そして、同じ２ℓのペットボトル容器が２本手に入ったので、「この１本に水を入れる。もう１本に土を入れる。その２つの重さを比べたら『水と土の、どっちが重いかわかる』のではないか？」と投げかけました。
　私は、ママゴトコーナーにおいてある400g～8kg用のはかりを持ってきて「これで量ってみればいいじゃん」と示します。
　１本にはすでに水を入れておいたので、はかりに載せてみます。すると、針が４分の１（時計で言うところの３時の場所）まで動き、2kgを少し超えたところを指します。これだけ針の動きがあると、子どもたちにもわかりやすいようです。ちなみに、デジタル表示では数字が表示されるため視覚的実感としてはその意味が捉えにくいので、針の動きで重さがひと目でわかったほうがよいのです。⑱
「水は２キロだね」「じゃあ、給食を食べ終わったら、もう１本に土を入れてみよう」と話題にして一旦終了です。

　給食後、Yuくん、Sちゃんが「土を入れに行こう」と動き出します。山のほうに行くと、Yiちゃん、Nちゃん、Ymちゃんも来て、一緒に土を入れていきます。⑲・⑳
　乾いたサラサラの土をシャベルですくって入れます。ひとすくいは軽く感じられるので、「これは水のほうが重いかも」という話題になっていました。しかし、ペットボ

　Sくんの「下に土がないと、一番下までいっても足がつかない」という発言から、自分の知っているいろいろなことを結び付けて捉えようとしていることがわかります。
　こうしたことが「子どもが『学ぶ』『何かをわかる』ということがどういうことか」という内容に切り込む手がかりになるということも直感していました。

ペットボトルに土を入れていきます

トルの中が半分を過ぎるころには「重くなってきたね」という声があがっています。

　やがて、ペットボトルの中が土でいっぱいになると（いっぱいになったと思っても動かしているうちに減っていくので、何度か追加する必要がありました）、Ymちゃんは「水のも持ってきて、比べてみる？」と、ウキウキした表情で、部屋から水のペットボトルを持ってきて、庭で比べることになります。㉑

「1人が両方をいっぺんに持つのか？」「ひとつずつ持つのか？」という話題が出され、それぞれ意見を言い合っています。結局、Nちゃんが右手に水、左手に土、と両方のペットボトルを1度に持って立ち上がりました。みんな注目していましたが、どちらが重いのかよくわからないようすです。㉒

　次いで、ひとつずつ持って比べていきます。ところが「どちらが重いか？」ではなく、「持てるか、持てないか？」という視点にスライドしてしまい、「持てた！」と喜んでいます。㉓・㉔

　Nちゃんは水のペットボトルを持って「こっちのほうが軽い。持って走れる！」とぐるりと1周しています。その様子にリアルを感じたようで、すぐにYmちゃんも真似を

先生のきもち

「水より土が重い」という事実が明らかになりました。しかし、それだけのことでは意味を持ちません。子どもたちにとって、今回の事実が意味を持つとしたら、それは「だから、ペットボトルの中味が変化したのだ」ということと結びつくことにあります。そしてそこから、はじめの問いである「海の下のところには砂があるのに、どうして上は汚れないんだろう？」との関連を感じることにあります。

　テレビの科学実験番組などでは、視聴者を驚かせる実験がおこなわれています。しかし、そこで感じた驚きが、ほかの何かと結びつかなければ

どうやって比べる？

どっちが重い？

重い！

して「持って走れる！」と笑いながらぐるりとまわります。㉕

そして、「やっぱり、土のほうが重いと思う」「うん、私も」「そうだよね」とささやきあっていました。

帰りの集会で、改めて2本のペットボトルを並べて「どっちが重いと思うか？」と問いかけてみました。

すると「土のほうが重い」という意見が14～15人と、圧倒的に多くなっています。実際に持ってみた手応えから意見を変えたのでしょう。そして、はかりに載せてみると、水は2.04kg、土は3kgちょうどでした。㉖

「おーっ！」「土のほうが重い」という歓声とともに、Sくんは「だから、ああなってたんじゃん？」と納得がいったように声をあげました。この瞬間に「はじめに水と土を入れたペットボトルの中が、上に水、下に土と分離した様子」と、目の前の2つのペットボトルの様子とが、リアルにつながったのでしょう。

「今日の実験でわかったことは、水より土のほうが重い、ということだね」と結論付けて終了しました。

「学び」としては弱いのです。あくまでも子どもが抱いた疑問が出発点にあり（保育者からの投げかけでも、子どもたちがそれを自分のこととして受け止められるならその限りではありません）、その問いに対する答えに迫ろうという過程が重要なのだと思います。

いろいろな探索や実験をしていくこと、仮説を立てたり、仲間の意見を受け止めたり、結果を受け止めたりしながら自分の考えがグラグラと揺さぶられること、「本当はどうなんだろう？」と探求したくなること……そうしたことが、「子どもたちの学びの過程を支えていくために大切にしたいこと」です。

6 Sくんの学びの物語

持って走れる！

持てた！

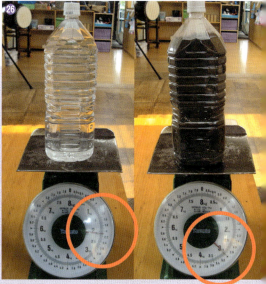

針の位置の違いで、重さの違いもはっきりわかった

まとめ

　Sくんは、ふだんから恐竜、昆虫、石、海、魚など、いろいろな図鑑に載っていることに関心を示していました。そうしたことから、ふと「海のところに……」という疑問を抱いたのでしょう。クラスの仲間と意見を出し合い、実験をする、ということを積み重ねていき、2週間の時を経て、Sくんは「だから、ああなってたんじゃん?」と声をあげました。つまり、ここでSくんがはじめに抱いた問いについての答えを、みずから納得するカタチで見出したと考えられます。㉗・㉘

　問いに対する答えを導き出すということは、自分にとって納得のいくストーリーを描くこととも言えます。そして、それが仲間や保育者が示した、違った考えやストーリーとの間で対話的な過程をくぐり描かれることで、より深い納得に至ることができるのでしょう。こうした小さな物語を紡ぎながら、幼稚園の暮らしは積み重ねられていきます。

図鑑を見ながらブツブツブツ……

汐見先生のコメント
新・保育所保育指針・幼稚園教育要領の視点で見てみると…

　この顛末を通じて、私は「人間ってすごいなぁ。どんな現象にも、どうして？　と問い、その理由を自分なりに考えようとするのだなぁ」と、ある意味、感動しました。子どもだって同じでしょう。いえ、子どものほうが環境次第では、よく問い、そして、よく理由を探したがるのかもしれません。合理的な説明をほしがるといってもよいかもしれません。その求める力を「理性」というのだとすると、子どもたちはある段階から理性を磨きたがる存在なのだということがよくわかる実践だと思いました。

　それにしても、子どもたちの説明の仕方は面白い！
　「土のほうが軽いから下に沈むんじゃない？」こんな説明を聞くと、ふつうなら「何、バカなことを言ってるの？」と思って、すぐ「でも、ふつうは重いほうが下にいくよ」とでも言いたくなります。こんな意見をとりあげていては先に進まないから、その場でキャンセルさせようとしてしまいがちです。

　でも、利根川先生は違いました。
　「どうして土のほうが軽いと考えるのか。そこにどんな論理があるのか。そこをなんとか理解したい」と思って受け止めてしまうのです。すごいことだと思います。

　ここは無視したほうがよい思いつき的な意見は、先生から修正されます。でも、「どうしてそう思うのか。聞いてみて子どもの論理を知りたい……」そう思うと、そこに食い下がります。これこそ本当の科学者というのかもしれませんね。ともかくヒント満載の実践だと思います。

発見！その7
不思議なふしあな

　私たちの幼稚園には「デッキ」と呼んでいる保育室と園庭とをつなぐスペースがあります。廊下としての役割もあり、それ自体は珍しいものではありませんが、回廊のように配置されているのが特徴です。初めて訪れた人は「迷路のようだ」と戸惑いますが、子どもたちはその回遊性に魅力を感じるようです。

　デッキの素材は天然のヒノキの板です。日常生活にはまったく影響がないので意識しないと気づきませんが、実はところどころに「ふしあな」があります。

　ある時、ふとしたことから、その「ふしあな」に子どもたちの注目が集まりました。するとそれは子どもたちにとって、とても魅力的なものであることがわかりました。子どもたちが「ふしあな」に感じる魅力とは、どんなものなのでしょうか？

　「ふしあな」をめぐる実践をご紹介します。

子どもたちの発見

　11月のことです。私が担任する「年長K組の子どもたち」は3つのチームに分かれて、それぞれ自分たちの遊びのために必要なモノをつくるため、木工活動に取り組んでいました。

　ひとつ目のチームは交番をつくっています。

　2つ目のチームは車。

　3つ目のチームは射的屋さん。

　それぞれ8人くらいのメンバーで、杉の角材や板を使って、長さを測り、のこぎりで切り、トンカチとクギで組み立てていきます。(47ページの「写真❶・❷・❸」参照)

　ある時、杉の板に「シニブシ(死節)」を発見しました。

　私たちの園では、イスやテーブル、棚などの生活用品から屋外の大型木製遊具までが、保育者や「オヤジの会」＊によって手作りされています。私にとっては「板に節がある」のは見慣れたものです。

　板はもともと樹木で、幹から枝が生えています。幹をスライスした際、枝のあった場所は「節」となります。

　意外と知られていないようですが、幹が育ち、太くなっていく際に、枝の付け根部分は幹に埋め込まれていきます。枝の樹皮が腐った状態を「シニブシ」と言い、力が加わると節ごとポロリと抜け落ちてしまい、「ふしあな」となるのです。(写真❶〜❺)

汐見先生のコメント

こうした木工活動が自由にできる園はうらやましいですね。幼稚園には女性の先生が多いからでしょうか、特に男の子が大好きな、木材を使ってアレコレ製作するための材料や道具が何も置かれていないところも多いのです。人間は倉庫や家、道具などを工夫してつくることで、文化を発展させてきました。そのあとをたどることができる環境を、ぜひ、どの園にも用意しておいてほしいですね。

＊オヤジの会

　男性保護者有志の会です。子どもたちのために何かしたい、園の役に立つことがしたい、楽しく飲みたい……などの希望を持つオヤジたちの集まりです。きちんとした組織で、会長などの役職もあります。年に3回くらいの活動があり、園庭のツリーハウスや木製遊具、室内のロフトなどの制作をおこなったりしてくれています。

7　不思議なふしあな

板にあるシニブシ

シニブシを指でほじってみる

続けてほじっていく

さらにほじると…

フシが取れて「ふしあな」になる

「シニブシ」を発見した子どもたちが「なんだ、こりゃ?」と、さっそくいじります。

すると、「ポロリ」と抜け落ちました。

子どもたちにとっては目の前でとても不思議なことが起きているわけです。「なんだ?　なんだ?」と、大騒ぎしている子どもたちに「あぁ、それは"ふしあな"だよ」と私は通常のテンションで伝えました。

するとSくんが「あぁっ!　デッキにある、あれか!」と、ひらめいたように声をあげました。

その瞬間、ようやく私にも、この「ふしあな」が子どもたちにとって、ただならぬものと受け止められていることがわかりました。

同時にSくんの言う「デッキにある、あれ」が何を指しているのかを理解したのです。きっと、その場にいるメンバーたちも「あれ」を理解したことでしょう。「あれ」に関する記憶を共有しているからです。（❻・❼）

先生のきもち

そのときの私は「○○cmの板を、あと3枚切って……」と、先のことを考えていたので、子どもたちの内面で起きていることに目が向いていませんでした。

ふしあなが私にとっては珍しいものではなかったために、子どもたちが不思議がっていることとの「ズレ」に気づいていなかったのです。

回廊デッキにある「ふしあな」

ふしあなに気づくと、つい覗き込みたくなるもの

年中・H組の前にあるすべり台。その下に大きなふしあなが…

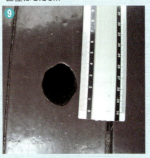

直径は3.5cm

深さは30cm

「消えた人形事件」の物語

　その「事件」が起きたのは、5か月前のことでした。年中H組の前のデッキで起きた「消えた人形事件」です。
　H組の前のデッキにはすべり台が置かれていて、ちょうどその下に幼稚園のデッキの中でも、一番大きな直径3.5cmほどの「ふしあな」があるのです。（⑧・⑨・⑩）
　そこで遊んでいたH組の子どもが、ふと「ふしあな」の中を覗き込んだようで、そのふしあなの中に「人形」を発見したのです。（⑪）

　幼稚園には各クラスにドールハウスがあり、ドールハウス用の人形が7〜8体置かれています。（⑫・⑬）
　H組ではしばらく前から、その半数ほどが「行方不明」になっていました。その行方不明になっていた人形たちが、ふしあなの中で発見されたというわけです。騒然となっているH組のいつもと違う空気は、すぐに年長K組にも伝わってきました。
　H組の子どもたちから、手の届かない場所にある「人形たちをなんとか救い出してほしい」という依頼が舞い込んできました。

汐見先生のコメント

「穴」は子どもたちにとって、とても魅力あるモノです。私など、「『穴、水、棒』……これは幼い子どもの『三種の神器だ』などと言っているくらいです。穴の中を覗くと、そこには子どもたちの知らない「異界」があるのです。「怖いけど見たい、探したい」……それが「穴」です。

7　不思議なふしあな

ふしあなの中に人形発見 ⑪

ドールハウス ⑫

ドールハウスの人形たち ⑬

私は手頃な棒にガムテープを巻いた「くっつき棒」をつくり、それを使って、1人、また1人と「救出」していったのです。
　全員(4人)の救出が終わった時には、見事な生還劇として現場は喜びに包まれ、私はH組の子どもたちに大いに感謝されたのです。(⑭・⑮)
　この事件が、K組のみんなにも共有された記憶となっていたので「デッキにある、あれ」というひと言で、子どもたちは思い出して理解したのです。
　ところで、H組の担任保育者によると「どうやらAくんが怪しい。本人は否定していますが、どうも、あの穴の中に人形を落としていたんじゃないかと思います」とのことでした。

　この日の保育終了後、私はパソコンに向かって、この「ふしあな」に関する記録を書きながら回想していました。
　「ふしあな」に対する、自分と子どもたちとの受け止め方のズレに気づきました。すると、そこから『子どもたちは、"ふしあな"をどう受け止めているんだろう?』と、考えが広がっていきます。
　そして、『あの時、T先生は、Aくんがふしあなに人形を落としたって言っていたけど、Aくんにとっても、あのふしあなは謎だったんじゃないかな？　つまり、ふしあなの中にはどんな世界が広がっているのかってことに関心があって、知りたくてたまらなくなった。そしてその謎を探るために、自分の分身として、あの人形をふしあなの中の世界に送り込んだのだとしたら?』……そんな考えがひらめいたのです。
　実践のアイディアとは、こんな時に浮かび、そして広がってくるものです。

先生のきもち

「物語」とは、いくつかのできごとの関連を理論的に説明できない時に、本人にとって「腑に落ちる」状態にしてくれるものとも言えます。
　Aくんが本当に人形を落としていたのかはわかりません。また、Aくんが落としたのだとしても、どんな理由で落としたのかは確かめようがありません。
　ですが、私にとって「消えた人形事件」の謎は、こうした物語によって、納得がいくものとなったのです。

人形救出作戦

助け出された人形

「ふしあなの下にはどんな世界があると思う？」と投げかけたら、子どもたちは、きっと食いついてくるに違いありません。

私はさっそくちょっとした準備をしました。デッキに見立てた画用紙と、その下に思い思いの世界を描くための画用紙を組み合わせていきました。⑯

子どもたちに投げかけてみると、みんな乗り気で、一人ひとりが「ふしあなの下の世界」を思い描きながら、表現してきました。⑰〜⑳

その後、クラスのみんなで「お話づくり」をすると、劇活動へと発展したり、園舎じゅうのふしあな探検をする子どもたちがいたり、「ふしあな」をめぐって、いろいろな活動を楽しんでいきました。

一度「ふしあな」を意識すると、子どもたちがふしあなに関心を向ける姿が目に飛び込んでくるようになります。㉑

また、「この先生は、この穴に関心をもっているらしい」ということが伝わるようで、別のクラスの子どもたちが声をかけてくることもありました。

> **汐見先生のコメント**
> 面白いですね。「ふしあな」の下の世界を子どもたちに想像させてみる。それを絵に描かせる。こんなことをした保育者は、今までいたでしょうか。子どもの内的世界は、簡単に現実界と想像界を往復するのですね。スゴイことだと思います。

7 不思議なふしあな

それぞれの世界をめぐって楽しむ

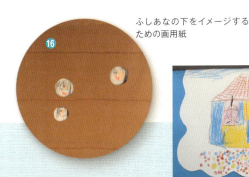
ふしあなの下をイメージするための画用紙
お菓子の世界

絵本屋さんの世界　キラキラの世界

ふしあなを覗き込む子ども

5月には、隣の部屋の年中M組のYくんが「ねー、ねー、ちょっときて！」と、呼びかけてきました。

私「どうしたの？」

Y「床が2か所、壊れている」

私「なんだって？ それは大変」と、行ってみると……。

そこには「ふしあな」があります。

S「もうちょっと、あるんだよ」

R「いっぱいあるんだよ」

K「うん。そうだよ」

担任ではない私に発見を伝えてくる子どもたち。

「きっと、この人は共感してくれるに違いない」と思っているかのようです。

またある時には、年中組のYくんとデッキで出会うと、「ねーねー、ここの穴、直しなよ。いっぱい開いてる」と言います。

私「穴が開いていると困るの？」

Y「細いの入れちゃうから。中にストローの棒が入ってるよ」

汐見先生のコメント

ここには、子どもたちが関心をもっている「穴」に、先生も関心をもっているらしい……という子どもの気持ちが、保育展開にとても大切だということが浮かび出ています。子どもたちの関心の対象に、実は先生も関心をもっている。こうして関心の相互交渉や関心の二重奏が起こることが、子どもたちの探究活動を持続させ、発展させていく条件になります。これこそ大切な環境づくりの内容なのでしょう。

やっぱり「ふしあな」は魅力的

翌年も私は年長組の担任となりました。

10月、電車に乗って探検遠足に出かけた後、子どもたちは「電車」に関心を寄せて「電車ごっこ」が始まりました。

デッキにも「ふしあながある！」

木工活動中にも、ふしあなを見つけると、手を止めて鑑賞

新幹線、SL、駅をつくるため、木工活動に取り組みます。
「ふしあな」と出会った子どもたちは「そこまで？」と思えるほど、食いついていくのです。

そして、それが回廊デッキにある「ふしあな」と結びつくと、やはり子どもたちにとってはさらに大きなインパクトとなるのでしょう。

回廊デッキの穴で、ふと目につくと、その中を覗き込むという子どもの姿がよく見られるようになりました。(㉒)

木工活動の場面でも、子どもたちはまた「ふしあな」に出会うと手が止まり、「ふしあなだ！」と、じっくり鑑賞していました。(㉓・㉔)

木工活動を終えてからのことです。
「仲間と一緒に、力を合わせてつくっているところを描こう」と、私が投げかけると、子どもたちは「のこぎりで材木を切っている場面」や「トンカチとクギを使って組み立てている場面」「材木の長さを測っている場面」などを、思い思いに描いていきました。

Nちゃんは、「のこぎりで材木を切っている場面」を描いていましたが、材木に黒い丸がいくつか描かれていました。

私は一瞬「なんだ？」と不思議に思ったのですが、描く過程を見ていると、それが「ふしあな」であることがわかりました。(㉕・㉖)

そして「ふしあな」を描いているのはNちゃんだけではなかったのです。つまり「ふしあな」は、子どもたちにとって、それほど大きな存在となっていたのです。

汐見先生のコメント

どうして子どもたちは、かくも穴を覗くことが好きなのでしょう。
①先生も興味をもっていることだ
②穴の先に何か見つかることがあるんじゃないか？
③何も新しいものがなくとも、私しか、僕しか知らない世界が見えるから
④この世界とちょっと違う世界がどこかにあるかもしれない。穴からひょっとしたら見えるかもしれない……
さてさて本当は何なのでしょうね。

7　不思議なふしあな

木工活動の体験画。材木には黒い丸が描かれている

描き進んでいくと、ふしあなであることがわかる

「ふしあなをめぐるお話」をつくろう

　この時期は、生活の中心が、木工活動から次のステップに向かっていました。つくったものは飾るためのものではなく、遊ぶためのものです。ここからはあんず幼稚園の特徴的な活動「まちのあそび」が始まるのです（「まちのあそび」の詳しいことは、あんず幼稚園（編）「きのうのつづき」新評論2012を参照してください）。

　生活の中心は「まちのあそび」ですが、せっかく「ふしあな」に対して、ここまで関心が高まったものを放っておくことはできません。

「まちのあそび」と平行しながら「お話づくり」に取りかかることを提案しました。

「P組でお話をつくろう」と投げかけると、「年中の時もつくった」などという声があがり、子どもたちは乗り気です。しかし、何も手がかりがないと、なかなか話が始められません。

　そこで、「じゃあ、幼稚園を舞台にしよう」と私は提案しました。子どもたちから、「悪者が出るようにしよう」「悪者は先生」という意見が出てきたので、

「ここは、あんず幼稚園です。ある日、P組の子どもたちがデッキで先生と戦いごっこをしていました」という始まりにしました。

　私が「すると、投げ飛ばされたYtくんが、ふしあなに気づき、覗き込むと……」と話を進めると、「吸い込まれちゃう」と誰かが言います。

　そして、「吸い込まれたこと」にすると、Ytくんが吸い込まれる演技を始めました。

　私が「周りの子どもたちはどうする？」と問いかけると、吸い込まれていくYtくんを助けようとして、ほかの子どもたちも次々吸い込まれることにしよう、という意見が出ます。

　同時に、すぐにやりたい子たちが動き始め、ウソッコの「ふしあな」に吸い込まれる演技を始めます。それぞれ、吸い込まれ方も工夫して楽しんでいます。（㉗・㉘）

先生のきもち

　実は、昨年もお話づくりをおこなっています。

　言葉でやりとりしていくだけでは難しいので、アイディアが出され、大まかな流れができたところで実際に身体を動かして演じていくよう促します。

　ところが、促す前から身体が動き出してしまう子どもも少なくありません。すると、俄然ノリが生まれてきて、子ども同士のイメージの「ぶつけ合い」や「すり合わせ」が起こり、おもしろい活動になるのです。

　しかし、勢いに任せてゴールに向かってしまったためか、お話の一貫性やリアルさが欠けているように感じられていたのです。

　私はこうしたことをふまえて、今年は、時間をかけてじっくり取り組めるようにしたいと考えていました。

その様子を見ながら、私が「吸い込まれた先は、どんな世界？」と問いかけると、「砂漠の世界」「マグマの世界」「お菓子の世界」など、いろいろな意見が出てきます。

そして「ふしあなの世界」という意見が出て、続いて「中はふしあなだらけ」という声。そこに「その中のひとつが、元の世界に帰れるふしあな」というアイディアが重ねられます。「なるほど」と納得してしまう私。

ここで整理するために、私が大きな紙を持ち出して、子どもたちから出てきたアイディアを図に描いていきました。㉙

子どもたちも、動きを止めて紙を取り囲み「戦争の世界」「爆発の世界」「海の世界」などの世界に通じる穴もあるというアイディアを加えていきます。

女の子たちからは「お姫様を登場させる」という声もあがります。その声を反映させて、「お姫様が悪者に捕まっていて、そこに子どもたちが助けにくる」という設定にしました。

それを受けると、子どもたちはすぐに動き出して「じゃあ、牢屋つくらなきゃ」「ここにする？」と話し、なかには「イスでつくろう」と、さっそく始める子どももいます。

ここで降園時刻が迫ってきたため、打ち切りとなり、子どもたちは降園の支度をすることになります。しかし、子どもたちは興奮が冷めやらず、口々に思いついたアイディアを言い合っています。それらの声を拾うと「手紙が置いてあることにしたい」「地図」「カギも」「妖精が出ることは？ "お姫様が捕まっています"って教えるの」などが出されていました。

> **汐見先生のコメント**
>
> 「ふしあな」というのは、「覗き込むと、その先に知らない世界がある」という、子どもたちのロマンを誘いやすいツールなんですね。想像力をかきたてるツールというか……。
> 子どもたちはいつも、この世とちょっと違った世界があると信じていますので、その世界を語り合い出すと止まらなくなるのですね。でもそれが、大人になった時に、夢を描く力になるのだと思います。

7 不思議なふしあな

㉗ ウソッコの壁にあるふしあなを覗き込む。劇遊びになっている

そこには何もない。けれど、壁があり、ふしあながある。想像力でつくり出している ㉘

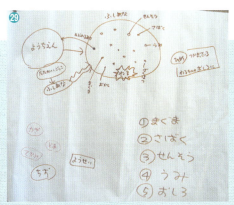

子どもたちが出してきたアイディアを共有するための図

「昨日の続き！」

　翌日。「ふしあなの世界」が重要な場のひとつとなったので、ビジュアルイメージを共有するため、私は、1枚の絵を描いて壁に貼っておきました。それに刺激を受けたのか、Mちゃんが朝の支度を終えると、さっそくお話で遊び始めています。デッキのふしあなを覗き込んで吸い込まれていく「ごっこ遊び」です。

　Yくんはその絵の中に描かれているふしあなの数を数えていたらしく「62！」と声をあげています。(30)

　Aちゃんは、昨日やっていたように、イスで牢屋をつくっています。(31)

　子どもたちの興味が高まっている時は、クラス全体での取り組みだけでなく、こうした個々の動きも見られるようになります。

　クラスのみんなで保育室に集まると「昨日の続き！」と声があがります。
　前日、Uくんが欠席していたこともあって、私が昨日のことをひととおり語りました。ほかの子どもたちにとっても、思い出したり整理したりするきっかけとなるだろうと考えていました。

　ここでまた、子どもたちの意見から、先に妖精が出てきて、やりとりし、妖精が姫からの手紙を渡すことに変わり、それを受けて、姫を探しにひとつの穴に入るストーリーになります。(32・33)

保育者が描いて壁に貼ったイメージ図
穴の数を数えるY君

イスを使って牢屋をつくる。
お話に合わせた「ごっこ遊び」を始める子どもたち

P組の子どもたちに手紙を
渡す妖精たち

イメージのズレに気づいた子どもたちが、
話し合って展開をすりあわせる

その後、ふしあなの世界は、1番目にマグマ、2番目は砂漠、3番目が戦争、4番目に海、そして、5番目がお城の世界で、「そこには悪者がいて、お姫様が捕えられている」ということになりました。

つまり、次に示すようなことです。

P組の子どもたちが、いつものように遊んでいると、現実の世界から「ふしあなの世界」へ行ってしまう。

すると、そこに妖精がいて「姫からの手紙」を差し出す。

助けを求めるメッセージを受けて、P組の子どもたちが姫を助けようと、手近な「ふしあな」に入ってみると、そこは「マグマの世界」だった。慌てて「ふしあなの世界」に戻ってくる子どもたち。

違う「ふしあな」に入ってみると、そこは「砂漠の世界」。

また「ふしあなの世界」に戻り、次に……と繰り返して、「お城の世界」にたどり着くと、その世界に「悪者」のお城があり、そこに「姫」が捕えられている……

ストーリーづくりと動きづくりの繰り返し

　こうして、つくられたストーリーを確認しつつ、つくり足す。それぞれがやりたい役になって実際に動いてみる。ストーリーの先は決まっていないので、誰かがひらめいたアイディアが認められると進んでいく、という展開の仕方です。

　すると「お城の世界」に行った子どもたちは、どうやってお城にたどり着くのか? ということが話題となりました。「地図」というアイディアは、すでに使われていましたが、「海の世界」から「ふしあなの世界」に戻ったところで、「妖精がもう1度現れて地図を渡す」という展開になります。

　そしてP組の子どもたちが地図を見ながら進み、お城にたどり着きます。お姫様が閉じ込められている牢屋は地下にあります。P組の子どもたちは、そこまでたどり着きますが、そこには「見張り番」がいて、戦いを挑むと、あっさりとやられてしまい、子どもたちも牢屋の中に閉じ込められてしまいます。

　さあ、ピンチです。

クライマックスは3日目

　子どもたちは、それぞれ自分のやりたい役になって、演じています。

　妖精役はSちゃんとAちゃん。Sちゃんは両腕を上下に優雅に動かします。きっと「天使の羽」を表現しているのでしょう。そして、いつもの口調と違う話し方で《牢屋から、手を出して戦えばいいのです》と、妖精風? 　に言います。

　すると、すぐに牢屋の中のP組の子どもたちから反論が出ます。

　Yくん「えーっ? 　からだ、使えないじゃん!」

　Sくん「そうだよ、足も使えない!」

　Rくんたちも口々に反論しています。みんなエキサイトしていて声のボリュームも大きくなります。Jくんは「ピストル!」と飛び道具を使おうとしますが、私は即座に「ピストルなんか持ってないじゃん」と口を挟みます。

　私は子どもたちのテンションを落ち着けるように、しゃべるスピードを抑えて「じゃあ、悪者がきたときに、悪者がカギを開けて入ってくるか……自分たちが出してもら

先生のきもち

　いよいよクライマックスが近づいてきたムードを感じます。

　ここからどう問題をクリアしていくのか、ということがお話のおもしろさを左右するに違いありません。

先生のきもち

　お話はフィクションですが、「なんでもあり」とはいきません。物語には論理性も必要です。

　子どもがピストルを持っていることはリアルではありません。また、せっかくの(?)ピンチを、安易に解決しては話がおもしろくありません。ハラハラドキドキしてこそ「おもしろい話」になるのです。

えるような作戦を考えたらどう?」と提案します。

「いいよー」「いいよー」「いいねー」と、子どもたち。

Sくん、Rくん、Jくん、Aくん、Yくんは、牢屋の中で肩を寄せ合い、円陣を組みます。夢中になっているのでけっこう熱い相談になっているようです。

ほかの子どもたちも、それぞれ近くにいる子たちとアイディアを出し合っています。

私は「悪者がカギをぶらさげている?　隠している?」「どっちにしろ、悪者を倒さないとカギは手に入らないんでしょ?」などと、目の前にいる子どもたちに問いかけます。

すると、Mちゃんが「じゃあさ、牢屋の中が2つに分かれてるってことは?」とアイディアを語ります。

その時、円陣を組んでいた5人が、円陣を解いて声をあげ、気合いを入れています。

私「何かいいアイディア、あった?」

5人は、牢屋の鉄格子に見立てたイスのひとつに手を伸ばし、力を込めます。

Sくん「みんなの力で、ひとつでもいいから、壊す!」

そして、ひとつのイスを倒します。「壊れたー!」「おー、壊れたー!」と、喜びの声をあげるRくん、Sくん、Jくん、Aくん、Yくん。

私もそのアイディアに乗りかけましたが、思い直して、「でも、子どもたちだけで壊せるかね〜?」と、口を出します。

すると妖精役の2人が「そうだよ、牢屋は固い牢屋だよ」「壊せないよ」と同調します。

私がさらなるアイディアを求めて「なんか、知恵を使うといいよ」と投げかけます。

すぐに何人かが、「わかった!　わかった!」「はい、わかった!　この中に宝箱があって……」「ねえ、私がしゃべってるのにー……」などと、同時に声をあげます。

Mちゃんのアイディア

そして、Mちゃんがアイディアを語り始めました。

「アリくらいの大人がいて、ちっちゃい声でこっち(牢屋の中)の人を呼んで、みんな《なんか聞こえるなぁ》って言って、それでみんなが気づいて《ぼくは悪い人じゃないから。みんな、ぼくが手伝うから、ぼくはでっかくなれるんで、だからでっかくなって一緒に牢屋を壊そうよ。ぼくはほんとは筋肉ムキムキなんだ》」と、新たな人物を登場させます。その人物はアリくらいの大きさということで、台詞の部分は小さくこもっ

先生のきもち
「ごっこ遊び」が好きな子どもたちは、お話の世界に入り込むと、無意識のうちにその役のイメージに合わせて声の出し方まで変わってしまうようです。

7

不思議なふしあな

た、低いトーンでしゃべっています。

　しかし、ほかの子どもたちも興奮しているため、Mちゃんの話は伝わっていないようです。私が「Mちゃんの話、聞いてた?」と確かめてみると、Yくんは、「周りがうるさくて、わからなかった」と言います。

　Mちゃんが再び語り、「でっかくなれる魔法を持っている」「それで、ほんとは筋肉ムキムキで、あの牢屋を壊せるくらい。みんなで壊そうとしているの」とイメージを重ねていきます。

　それを受けたJくんが「じゃあ、オレ、筋肉ムキムキになる人ね?」と腕まくりをし、力こぶをつくります。Yくんも「オレも」と腕まくりをします。

　Sちゃんが「お肉いっぱい食べたからね」と、さらにイメージを重ねます。

　私はその展開に笑ってしまいましたが、「筋肉ムキムキの大人、誰がやる?」と確認して進めようとします。

　Jくん、Yくん、Tくんの3人が、「はーい!」「はいはい!」と、いっせいに名乗りをあげます。

　私が「じゃあ、みんな(P組の子どもたち)が困っているところで、やってきて」とリクエストすると、「はい」と応じて、動き出す3人。Mちゃんがすぐに「ちっちゃい振りして!」「アリくらいに!」と要求します。その声に反応してパッと腹ばいになり、「小ささ」を表現する3人。

　Mちゃんは「それで、《なんか、聞こえるなぁ》って言って!　みんなが、P組の子どもたちが。それで気づくんだよ、下を向いて」と、さらに要求します。まるで演出家のようです。

　牢屋の中のP組の子どもたちが《なんか聞こえるな〜》と、声をそろえます。私もそのイメージに乗り、自分のイメージを重ねます。

「それで、《おい、P組の子どもたち》とか言って。話しかけて」

　Mちゃんも「P組の子どもたちがそれで、気づくのね」と、イメージをかぶせてきます。P組の子どもたちも「な〜に〜?」とすぐに応じて、テンポよくストーリーが進みます。こうなると、私も気持ちが高まり、「アリみたいにちっちゃくて、すぐには気づけないじゃん?　だから、下を見て《なんだ?　なんか声がするな〜》って。《誰だ?誰がしゃべってるんだ?》って言って……」と、子どもたちによって触発されたイメージを伝えていきます。

物語の完成。絵本づくりへ

夢中になってはいましたが、この日はここで時間切れとなりました。

壁に貼ってある図に、進んだ分を描き入れて、あらすじをいつでも確認できるようにしておきました。こうしておけば、いつでも、ここまでの話を、振り返るための手がかりとなるはずです。(34)

さて、「ふしあな」をきっかけにしてお話づくりを続けてきましたが、その後も「やりたい役になって動いてみる」ことが続きます。その先も、「アイディアを出し合う→振り返ってまとめる」ということを繰り返しながら、10日かけてようやくお話ができあがりました。

ストーリーづくりに時間をかけることで、途中、振り返りが起こります。
「ちっちゃい大人って、こびとのことだよね？」
「なんで、姫にはこびとの声が聞こえないんだろう？」
「Ｐ組の子どもたちは、別の世界から来たから聞こえるってことなんじゃない？」
「こびとはさ、もともと王子様で、悪者に魔法をかけられてこびとにされちゃったんだよ」
「じゃあ、ふしあなの世界に行けば、妖精に元に戻してもらえるかも？」

汐見先生のコメント

子どもたちが集団で、ひとつのストーリーをつくっていくのは、とても難しいことです。誰か「まとめ役（リーダー役）」がいないと、話が「アッチ、コッチ」になります。その場合、保育者が適宜、軌道修正をしながら参入するわけです。ただ、その参入の仕方は難しく、できるだけ子どもたちの意識がひとつの流れになるように介入していくことが基本です。その視点から、利根川先生の苦労をみていくと、参考になることがみえてくるかもしれません。

7 不思議なふしあな

ストーリーが進むと、書き加えられていく

こんなふうに、別々に出されたアイディア同士がつながり、意味づけられていくのです。こうなると、グッとストーリーが魅力的になっていきます。

クライマックスの内容がほぼ確定すると、その後はひとつの場面を数人ずつ演じて、見ている子どもたちが感想を出し合い、表現の仕方を工夫するということに熱中していき、劇の稽古場のようになっていきました。

「劇をやりたい」という声の一方では「絵本をつくりたい」という声も出てきました。
そのため、絵本づくりにも取りかかりました。お話の文章は私がパソコンで打ち、それをもとに場面ごとに区切って、「誰がどの場面を描くのか？」を相談して、それぞれが分担した場面を描いていきました。これをスキャナーで取り込み、パワーポイント上で文章を組み合わせていこうという構想です。

プリントアウトしたものをクリアファイルに入れておけば、誰もがいつでも手に取れる絵本となります。そして、同時にプロジェクターを使えば、「映画」のようにもなるわけです。

絵本ができあがると、さっそく年中K組を招待してP組と合同の「映画」鑑賞をしました。人数が多いので「絵本の読み聞かせ」では絵が見えにくいからです。

ストーリーの展開をハラハラしながら見守るK組の子たち。P組の子たちは、それをニヤニヤしながら見守っていました。

「まあ、見てなって。次にちゃんとこうなるから」という心境だったのでしょう。私も『年中の子たち、ちゃんと、ハラハラする場面で、ハラハラしているし、ホッとする場面で、ホッとしている！』と、感心しました。子どもたちが演じるなかで発したリアルな言葉や動きをもとに文章化しているお話なので、年中組の子どもたちにリアルに響くのかもしれません。

ちなみに、3学期には、このお話をもとにした劇をやろうと、7人のメンバーが集まって活動に取り組みました。

「ほんとうに風がきた！」

「映画」鑑賞の後、しばらくして、Srくんが「先生、大発見！」と、興奮ぎみにやってきました。「ふしあなに吸い込まれるとき、風がくるじゃん？　今、ふしあなを覗いたら、本当に風がきた」

■ ココがポイント

劇をするには、稽古をするとか、大道具、小道具をつくるとかそれなりの準備が必要になります。しかし絵本なら短時間で作製でき、冬休み前には形になりそうです。

■ ココがポイント

実は、これまでの「劇の稽古」をしている様子を、年中組の子たちが見ていて、「何をやっているの？」と気にかけていました。

クラスの子どもたちが「お話をつくりながら劇をやっている」と年中組の子たちに伝えると、「観たい！」とリクエストされていました。

そう言い終えると、もうSrくんは現場に向かっています。この言葉を聞いた子どもたちは（私も）、続いて現場に向かいます。現場検証の状況となると、Srくんは、「どのふしあなも風がくるわけではなく、風がくるのと、こないのとがある」と言っています。(㉟・㊱)

さらに「風がくるものも、いつもくるとはかぎらない」と言葉を慎重に選びながら説明していました。

「お話の世界の設定が、現実のほうにやってきた」

Srくんは、そんな不思議な体験に、困惑しているようでしたが、そもそも世界は驚きに満ちているものです。

汐見先生のコメント

たったひとつ「ふしあな」を見つけたことから、実にさまざまな活動が生まれていく様子が、興味深く示されていることがよくわかるエピソードでした。

「小さな発見を見逃さず、もっと大きな物語にしていけないか」……保育者のまなざしが、こういう方向を向いていると、子どもたちの生活の中の宝石の原石のような素材が次々と物語として展開していくのですね。そのことの面白さを子どもたちは「先生もきっと、それを望んでいる」と感じとっているからできるのだと思います。

保育は合作です。

7 不思議なふしあな

ここから風がくる！

発見したSくん

話を聞きつけて集まる仲間たち

まとめ

「ふしあな」をめぐるこの活動は、結果的に、絵画表現、お話づくり、劇表現など、さまざまな展開をみせた総合的な活動になりました。もちろん、保育者から提案したことも大きく影響しています。しかし、始まりは子どもたちが偶然「ふしあな」を発見したことでした。

「ふしあな」も、大人が教育的な意図をもって用意したものではありません。しかし、「やじるし」や「ハートの影」、「虹」などのように偶然に現れたものではありません。また「氷」のように、気象条件が関係しているわけでもありませんので、天候や気温などに左右されずに、いつもそこに存在しています。

子どもたちは大人より視線が低く、身体全体で床に接することも多いため「ふしあな」と出会う可能性が高いと言えます。

穴の中を覗いてみると、暗くてはっきりとは見えませんが、そこに「ある世界」が感じられます。しかし、私も含めて大人たちは「ふしあな」の存在には目も向けず、なんの影響も受けずに暮らしています。そうしたことが「ふしあな」に怪しい魅力を与えているのかもしれません。

「ふしあな」は、どの園にもあるというものではないでしょうが、きっとこうした「怪しい魅力」を持ったものは、どの園にもあるのかもしれません。そして、子どもたちと保育者に発見されることを待っているのだと思います。きっとそこから、いろいろな活動が広がっていくはずです。

あとがき

　幼児教育・保育の父と言われる倉橋惣三の著書『育ての心』に次のような一節があります。「自ら育つものを育たせようとする心。それが育ての心である。世にこんな楽しい心があろうか。それは明るい世界である。温かい世界である。育つものと育てるものとが、互いの結びつきに於いて相楽しんでいる心である。」

　本書に記した実践は、こうした「心」の具体的な姿であるように思います。だから保育って、楽しいんです。子どもと暮らすって、魅力的なんです。

　本書は私のクラス担任としての実践の記録ですが、そもそも保育は個人でおこなうものではなく、保育者集団の協同的な営みです。仲間たちの存在なくしては成り立ちえず、実践がより豊かなものになっているとしたら、それは仲間の力によるところが少なくありません。すでに退職なさっている先輩から学んだことも、間接的にこの実践を支えてくれています。そして何より、共に暮らし、活動を生み出す楽しさを共有してきた子どもたちと、その保護者の方々のご理解もなくてはならないものです。心から感謝申し上げます。

　本書の出発点は、第2章の虹の実践を「臨床育児・保育研究会」で発表させていただいたことにあります。そこで汐見先生に「本にして出版しなきゃダメだ」と声をかけていただいたのです。その後、出版社の紹介から、さらには解説までしていただき、本当にお世話になりました。ありがとうございました。

　最後になりましたが、風鳴舎の青田さんには本書の完成まで、いろいろなご提案と具体的な助言をいただきました。謹んでお礼を申し上げます。

（倉橋惣三　2008　『育ての心』（上）フレーベル館）

著者プロフィール

利根川彰博　とねがわ あきひろ

「あんず幼稚園」(埼玉県入間市)で24年間クラス担任を務める。現在はこども教育宝仙大学こども教育学部准教授。幼稚園教諭・保育士の養成に携わっている。2017年、日本保育学会研究奨励賞(論文部門)受賞。

解説者プロフィール

汐見稔幸　しおみ としゆき
(白梅学園大学名誉学長・東京大学名誉教授)

専門は教育学、教育人間学、育児学。一般社団法人家族・保育デザイン研究所代表理事。日本保育学会前会長。全国保育士養成協議会会長。保育雑誌『エデュカーレ』の責任編集者。保育・幼児教育関係の著書多数。

カバーデザイン————大下賢一郎
DTP・紙面デザイン————BUCH⁺
編集協力————みなかみ舎
Special Thanks————あんず幼稚園の子どもたち

好奇心が育む学びの世界
これからの保育シリーズ⑤

発　行————2017年11月25日　初版第1刷
　　　　　　2023年 3月31日　初版第3刷

著　者————利根川彰博(とねがわ あきひろ)
解説者————汐見稔幸(しおみ としゆき)

発行者————青田恵
発行所————株式会社 風鳴舎
　　　　　　〒170-0005　東京都豊島区南大塚2-38-1
　　　　　　MIDPOINT6F
　　　　　　電話　03-5963-5266　　FAX　03-5963-5267
　　　　　　URL　http://fuumeisha.co.jp/

印刷・製本————株式会社シナノ

本書は著作権法上の保護を受けています。本書の一部または全部について、発行会社である株式会社風鳴舎から文書による許可を得ずに、いかなる方法においても無断で複写、複製することは禁じられています。
本書へのお問い合わせについては上記発行所まで郵送にて承ります。乱丁・落丁はお取り替えいたします。

©2017 Akihiro tonegawa, Toshiyuki shiomi
ISBN978-4-907537-06-7 C3037 Printed in Japan